U0554990

众志成城 雷霆出击

—— 2010年全国重点地区打击文物犯罪成果精粹

The Achievement of

the Specialized Fight against

the Cultural Relics-involved Crimes of

the Key Regions in 2010

Cultural Relics Press

众志成城 雷霆出击

——2010年全国重点地区打击文物犯罪成果精粹

国家文物局　公安部　编著

文物出版社

责任编辑：李媛媛　李　红

摄　　影：宋　朝　刘小放

英文翻译：丁晓雷

装帧设计：李　红

责任印制：王少华

图书在版编目（CIP）数据

众志成城　雷霆出击：2010年全国重点地区打击文物犯罪成果精粹/国家文物局，公安部编著.—北京：文物出版社，2011.4

ISBN 978-7-5010-3155-9

Ⅰ.①众… Ⅱ.①国… ②公… Ⅲ.①文物－中国－图录 Ⅳ.①K870.2

中国版本图书馆CIP数据核字(2011)第052557号

众志成城　雷霆出击
——2010年全国重点地区打击文物犯罪成果精粹

编　著	国家文物局　公安部
出版发行	文物出版社
	（北京东直门内北小街 2 号楼　邮政编码 100007）
	http://www.wenwu.com
	E-mail：web@wenwu.com
制版印刷	北京图文天地制版印刷有限公司
经　销	新华书店
开　本	889×1194　1/16
印　张	20
版　次	2011年4月第1版　2011年4月第1次印刷
书　号	ISBN 978–7–5010–3155–9
定　价	400.00元

目　录
Table of the Plates

序

　　2010年全国重点地区打击文物犯罪专项行动是在党中央、国务院的高度重视、关心下，公安部、国家文物局联合部署的一次针对性强、涉及面广、打击力度大的重要行动，是新形势下我国保护文物安全的一项重要举措。专项行动中，各地政府高度重视、认真安排、保障到位；公安和文物部门密切配合、攻坚克难、战果辉煌；社会各界群众积极参与、协助侦办、群策群力。一批犯罪团伙被绳之以法，大量珍贵文物得以保护，一些地区文物犯罪高发势头得到遏制，良好的文物管理秩序得到恢复。哪里有文物犯罪，哪里就有我们国宝卫士们的雷霆亮剑，有人民群众保护文化遗产的天罗地网。

　　公安部和国家文物局联合举办《众志成城　雷霆出击——全国重点地区打击文物犯罪专项行动成果展》、出版《众志成城　雷霆出击——2010年全国重点地区打击文物犯罪成果精粹》，既是对此次集中打击文物犯罪行动丰硕成果的全面总结，也是对两部门精诚配合、不畏艰难、甘于奉献精神的大力弘扬，同时更是为进一步加大打击文物犯罪力度、加强安全防范吹响了新的号角。

　　当前文物安全形势依然严峻，文物犯罪将会在一些地区长期存在。同时，文物安全防范基础尚显薄弱，文物市场监管还不到位，文物安全长效机制有待加强和完善，防范和打击文物犯罪工作仍然是长期而艰巨的任务。相信，在党和政府的坚强领导下，在广大人民群众和社会各界的支持和参与下，我们携手并肩、密切配合、积极行动，以坚强的决心合力铲除文物犯罪，建立文物安全长效机制，一定能够构筑保障文化遗产安全的钢铁长城，为祖国文物事业做出新的更大贡献。

国家文物局局长

序

文物是一个民族、一个国家的重要文化遗产和历史文明的载体，是民族创造力和智慧的结晶，是不可再生的文化资源。中国是有着五千年历史的文明古国，中华民族是有着灿烂文化和丰富遗产的民族，我国地上地下珍贵文物种类丰富、数量繁多。党和政府历来十分重视文物保护工作。近年来，在党中央和国务院的高度重视下，为切实保障好我国文物的安全，坚决打击文物犯罪活动，公安机关和国家文物部门紧密配合，通力协作，开展了一系列卓有成效的严打整治工作，沉重地打击了文物犯罪分子的嚣张气焰，有效遏制了一些地方文物犯罪高发的势头，大力整治了部分地区文物管理秩序混乱的局面。

作为近年来公安机关和国家文物部门加强文物安全工作的一个缩影，《众志成城　雷霆出击——全国重点地区打击文物犯罪专项行动成果展》和《众志成城　雷霆出击——2010年全国重点地区打击文物犯罪成果精粹》图册，以生动的语言、鲜活的图片、翔实的案例，充分展示了2009年12月至2010年6月，公安部和国家文物局在全国重点地区联合开展打击文物犯罪专项行动所取得的突出成效，集中展现了公安机关与国家文物部门为确保国家文物安全呕心沥血、无私奉献的精神面貌，大力彰显了我国政府打击文物犯罪、保护文化遗产的坚定不移的决心和意志。

国家文物是中华民族的共有财产，确保文物安全是全社会的共同责任，文物保护工作离不开广大人民群众的大力支持、大力配合，离不开社会各界、各部门的共同关心、共同参与。面对当前严峻复杂的文物安全形势，公安机关和国家文物部门将一如既往、坚持不懈地践行好打击、保护职责，确保国家每一处、每一件文物的安全，同时，我衷心地希望通过此次专项行动成果精粹的出版，能够进一步提高全社会的文物保护意识，推动社会各行各界积极参与到我国的文物保护工作中来，为我国宝贵璀璨的历史文化财富得以永久保全、世代流传，为子孙后代能共享祖国悠久灿烂的历史文明成果做出应有的贡献。是以为序。

公安部副部长

前言

近年来，文物安全形势严峻，盗窃、盗掘、倒卖、走私文物犯罪活动猖獗，且呈职业化、暴力化、智能化趋势，严重破坏了古文化遗址、古墓葬本体和历史风貌，扰乱了文物管理秩序。

文物是我国弥足珍贵又极其脆弱、不可再生的文化遗产。国家对文物安全高度重视，从法律制度、机构建设、科技投入、防范打击等各方面出台了一系列重要举措。2010年，国务院批准建立了由10部门组成的全国文物安全工作部际联席会议制度，文物安全长效机制初步形成。同时，我国广泛开展打击文物犯罪国际合作，先后与13个国家签署了防止盗窃、盗掘和非法进出境文物的双边协定或谅解备忘录。

为了集中严厉打击盗掘古墓葬等文物犯罪，遏制文物犯罪蔓延、发展势头，落实我国与有关国家签署的防止盗窃、盗掘和文物非法出境双边协定，2009年12月至2010年6月，公安部、国家文物局在山西、内蒙古、安徽、山东、河南、湖北、陕西、甘肃、青海等9个省份部署开展了"全国重点地区打击文物犯罪专项行动"。列入开展专项行动的重点省份省政府及其公安、文物部门高度重视，精心部署、认真安排，确定辖区内专项行动重点地区，制订具体实施方案，各基层公安和文物部门及时成立文物案件侦办专案组。河北等未被列入重点地区的省份，也主动开展了专项行动。专项行动在各地迅速展开。

为确保专项行动取得实效，公安部、国家文物局共同组成督察组，先后对湖北、陕西、河南、甘肃、山东、河北、山西等省进行了联合督察和指导，督促落实各项要求，帮助解决存在问题。公安部分两批挂牌督办了19起重大文物犯罪案件，明确案件具体承办人和侦办要求。

在相关部门和广大人民群众的积极配合下，各地公安机关和文物部门协同作战、迅速出击，以雷霆之势亮斩蛇利剑，打现行、挖团伙、追逃犯、缴文物，历时7个月的专项行动取得了辉煌战果，共侦破文物案件541起，其中公安部部督案件15起；打掉犯罪团伙71个，抓获犯罪嫌疑人

787人；追缴文物2366件（套），其中已鉴定的一级文物14件，二级文物156件，三级文物376件。一批大案、要案、积案得以迅速侦破，一些地区文物犯罪高发势头得到遏制，良好的文物管理秩序得以恢复。

在开展打击文物犯罪的同时，各地文物、公安部门以此次专项行动为契机，不断深化协作配合，大力构建联合打击文物犯罪的长效机制。河北、河南、安徽、湖北、甘肃等省文物局和公安厅建立了联合打击文物犯罪工作机制，成立了省级打击文物犯罪工作领导小组和办公室，明确了职责分工和工作制度。陕西建立了省级联席会议制度、联合检查制度、安全巡查制度、打击文物犯罪奖励制度等长效机制。山西省委组织部及时发出通知，对山西省打击文物犯罪领导组小组成人员进行了调整。通过建立长效机制，初步实现防范、打击文物犯罪工作的常态化。

2010年度全国重点地区打击文物犯罪专项行动结束后，公安部和国家文物局对各地取得的成果进行了汇总，于11月17日至12月4日，在中国人民革命军事博物馆共同主办了《众志成城 雷霆出击——全国重点地区打击文物犯罪专项行动成果展》。展览以"国宝在呼唤"、"向文物犯罪宣战"、"玉宇澄清万里埃"和"文物安全没有休止符"四个部分，展出图片170幅，涉案珍贵文物140件（组），文物犯罪典型案例15个，客观展现了当前严峻的文物安全形势，集中展示了专项行动战果。30余家驻京新闻媒体进行了专题报道，来自全国的10000余名观众参观了展览，取得了良好的宣传和展示效果，

扩大了社会影响，保护文化遗产、打击文物犯罪成为舆论热点。

为充分发挥先进典型的示范作用，激励更多基层公安和文物部门的同志积极投入到防范和打击文物犯罪工作中，公安部、国家文物局联合对专项行动中涌现出来的河南省许昌市公安刑警支队等18个先进集体、卫永顺等42名先进个人予以表彰，并授予河南省文物局、安徽省文物局、湖北省文物局、陕西省文物局、河北省文物局等5家单位组织协调奖。

《众志成城 雷霆出击——2010年全国重点地区打击文物犯罪成果精粹》精选了本次专项行动期间追缴和移交的重要文物图片，配以文字说明，同时对部分文物犯罪案例进行重点介绍。通过此书的编辑出版，再次集中展示专项行动取得的重要成果，彰显开展打击文物犯罪工作对保护祖国珍贵文化遗产的重要意义。

2011年3月

2010年全国重点地区 打击文物犯罪专项行动概况

我国是历史悠久的文明古国，勤劳智慧的中华民族创造了光辉灿烂的历史文化，留下了灿若群星、独具特色的文化遗产。这些弥足珍贵的文化遗产是中华文化宝库中的瑰宝，凝结着中华文化的根基和血脉。然而，近年来，利欲熏心的犯罪分子把罪恶的黑手伸向文物领域，盗窃、盗掘、倒卖、走私文物等在新中国成立后已经杜绝的丑恶现象又沉渣泛起，而且来势迅猛，大批文物遭到破坏，国宝尊严惨遭践踏，严重扰乱了文物管理秩序，危害了国家文化安全。

国家高度重视打击文物犯罪工作，2010年，公安部、国家文物局在全国9个重点省份开展"全国重点地区打击文物犯罪专项行动"，取得了辉煌的战绩，沉重打击了犯罪分子的嚣张气焰，彰显了我国政府打击文物犯罪、保护文化遗产的决心与意志。

一　形势严峻，国宝在呼唤

据统计，2008年和2009年全国公安机关共立各类文物案件1989起，其中盗窃文物案件898起，盗掘古墓葬文物案件937起，倒卖文物案件113起，抢劫文物案件36起。这仅仅是冰山一角，文物犯罪处于新一轮高发期。

两起重大文物安全案件回放

■ **不肖子孙盗先人墓——陕西蓝田"1·14"吕氏四贤墓被盗案**

2006年1月，西安警方根据群众举报，成功破获蓝田县"吕氏四贤墓"特大盗掘案。被盗古墓是北宋著名学者、我国最早的金石

收缴的部分文物

学家吕大临家族成员之一的墓葬，该案收缴被盗文物123件，其中一级文物14件，二级文物14件，三级文物49件，悉属西周至宋代文物珍品，具有重要的历史、科学、艺术、考古价值。案件主犯之一吕某某系吕氏家族后人，竟组织犯罪分子用炸药、雷管炸出直径0.6米的盗洞，直通墓室盗取先人陪葬物品，被依法判处死刑，缓期两年执行。

■ 西汉王陵惨遭黑手——湖南长沙"12·29"系列盗掘古墓案

2008年4月至2009年1月，长沙市岳麓区、望城县、长沙县、浏阳市等地连续发生11起盗掘古墓葬恶性案件，包括西汉长沙王陵及贵族墓在内的20余座古墓葬被破坏，损失巨大，影响恶劣，震惊全国。经公安、文物部门近7个月的奋战，该案成功告破，捕获犯罪分子53人，彻底摧毁一个横跨8省20余市县的特大犯罪团伙，追缴被盗文物304件，其中一级文物12件，二级文物48件，三级文物89件。案件主犯一审已分别被判处死刑、无期徒刑。

望城县乌山镇徐家桥前进组蜈蚣塘山1号战国古墓被盗现场

望城县星城镇银星村杉树拱西汉长沙王室墓被盗现场

望城县丁字镇桃花村2处清代古墓葬被盗现场

缴获的部分文物

审判犯罪嫌疑人现场

收缴的部分作案工具

公安机关抓获的文物犯罪团伙

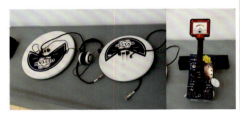

收缴的部分作案工具

文物犯罪特点

从近年全国各地发生的重大文物案件看，文物犯罪呈现新特点：

（一）犯罪组织职业化。流窜作案、团伙作案频发，组织严密，分工细化，形成了盗窃、盗掘、销赃、走私"一条龙"地下文物犯罪网络，职业化特征日益明显。

（二）犯罪行为暴力化。犯罪分子由暗偷变为明抢，恐吓、威胁人民群众，暴力伤害文物保护管理人员，甚至持枪、持械武力对抗公安民警，犯罪行为丧心病狂、令人发指。

（三）犯罪手段智能化。红外夜视仪、金属探测器、高压电机、防毒面具、高倍军用望远镜、GPS、电子地图等先进设备被犯罪分子广泛利用，打击、防范文物犯罪难度日益加大。

2000年以来暴力文物犯罪案件（部分）

时间	地点	暴力情节
2000年4月7日凌晨1时	河北临城普利寺塔	犯罪分子将文物保护员手脚绑住，反锁在室内，盗窃佛龛。文物保护员用牙齿解开绳索后，向公安部门报案。
2000年5月18日晚12时	陕西黄陵双龙万安禅院	犯罪分子将值班人员捆绑，盗走89尊罗汉头像，损坏4尊。犯罪分子后被依法判处死刑。
2000年7月2日8：50	山西运城市博物馆	2名犯罪分子手持匕首窜入馆内，用工具砸展柜玻璃。值班人员与歹徒英勇搏斗，歹徒乘出租车逃跑。
2002年3月2日1：30	山西新绛白台寺	犯罪分子将值班僧人和居士8人捆绑并用胶带封嘴，抢走法藏阁菩萨1尊，释迦殿如来佛头像1尊，阿南释迦彩塑佛像2尊。
2002年3月8日晚	山西太原净因寺	10余名犯罪分子推倒寺院围墙，威逼值班员，剪断电源线和电话线。歹徒准备打开殿门实施抢劫时，警报器及时报警，部分作案人员被当场抓获。
2002年6月6日2：50	陕西洋县智果寺	4名犯罪分子手持木棒、菜刀等凶器闯入，毒死看门犬，割断电话线，盗走明代佛经残卷。
2002年9月13日凌晨	甘肃天水仙人崖石窟	7、8名犯罪分子捆绑文管员，盗走一尊明代铜佛
2003年7月16日晚11时	山西繁峙岩年山寺	7、8名犯罪分子将警犬打死，把两名文物保护员捆绑，用胶布把嘴封住，抢走3尊金代泥塑佛像
2004年1月3日1：30	陕西铜川姜女祠	6、7名犯罪分子持械入院，割断电话线，将值班人员捆绑后，抢走院内两块石碑
2004年2月	山西芮城	县公安局文物犯罪侦察科原科长在实施抓捕时，遭盗墓分子连开两枪，100余粒霰弹射入体内。虽多次手术，仍有30多粒弹丸未取出。
2009年9月4日	陕西黄陵双龙万安禅院	犯罪分子将值班人员捆绑后，凿下抢走10余尊佛头
2010年9月22日	陕西澄城	10多名犯罪分子冲击澄城县巡警中队善化中队，打伤民警，抢走刚被现场抓获的盗墓分子。

二 专项打击，向文物犯罪宣战

文物犯罪行为，损害了弥足珍贵的文化遗产，危害了中华民族的文化安全和长远利益，甚至影响到我国国际形象。斩断伸向文物的黑手，已经成为时代赋予我们的紧迫任务。为贯彻落实中央领导批示精神，进一步防范和打击文物犯罪活动，落实我国与有关国家签署的防止盗窃、盗掘和文物非法出境双边协定，2009年12月4日，公安部、国家文物局在河南郑州召开全国文物安全与执法督察工作会议，决定从2009年12月至2010年6月，组织重点地区公安机关和文物管理部门联合开展打击文物犯罪专项行动。

专项行动的任务和目标是：集中严厉打击盗掘古墓葬等文物犯罪，破大案、打团伙、摧网络，坚决遏制文物犯罪蔓延、发展势头；健全完善公安机关和文物管理部门的日常工作机制，切实提高打击、防范和控制文物犯罪的能力。

专项行动的重点地区是：山西、内蒙古、安徽、山东、河南、湖北、陕西、甘肃、青海等9个省、自治区。

2009年12月4日公安部、国家文物局部署
打击文物犯罪专项行动

国家文物局局长单霁翔讲话

公安部刑侦局副局长黄祖跃讲话

专项行动期间，公安部、国家文物局先后对湖北、陕西、河南、甘肃、山东、河北、山西等省进行了联合督察和指导。公安部分两批挂牌督办了19起重大文物犯罪案件。

国务委员、公安部部长孟建柱检查文物单位
安全防范情况

国家文物局副局长童明康带队督办河南
驻马店"2010.1.1"特大盗掘古墓案

根据公安部、国家文物局部署，列入重点地区的9省、自治区高度重视，认真安排，专项行动迅速展开。同时，河北等未列入重点地区的省份，也根据本地区实际组织开展了专项行动。安徽省委主要领导同志亲自过问案件侦破情况，湖北、河北两省人民政府召开全省会议，由分管省领导就专项行动做出部署。陕西、湖北、河南、河北、山西等省份建立或完善文物公安打击文物犯罪联合长效机制。陕西、青海、山东、河北等省份明确了本省、自治区打击重点地区。恢恢法网，迅速铺开。

湖北省人民政府部署开展打击文物犯罪专项行动电视电话会议主会场　　河北省人民政府部署开展打击文物犯罪专项行动电视电话会议主会场

三　雷霆行动，玉宇澄清万里埃

利剑出鞘，荡涤尘污。专项行动一声令下，在人民群众和相关部门的积极配合下，公安机关和文物部门协同作战，以摧枯拉朽之势，打现行、挖团伙、追逃犯、缴文物，一大批大案、要案、积案得以迅速侦破，有力遏制了文物犯罪高发势头。

在历时7个月的专项行动中，共侦破文物案件541起，其中公安部部督案件15起；打掉犯罪团伙71个，抓获犯罪嫌疑人787人；追缴文物2366件（套），其中已鉴定的一级文物14件，二级文物156件，三级文物376件。

陕西省公安、文物部门联合开展夜间巡查

全国重点省区打击文物犯罪专项行动战果

	破案数（起）	部督案件	盗墓古墓葬案件	打掉犯罪团伙	抓获犯罪嫌疑人	追缴文物（件）	一级文物	二级文物	三级文物
河南省	75	3	67	20	194	322	33	14	145
山西省	78		41	8	80	81		4	6
陕西省	140	2	57		167	1043	1	102	28
湖北省	95	1	95	8	73	105	1	15	50
安徽省	28	2	27		51	364	8	10	121
山东省	101	1	93	13	110	202	1	5	12
内蒙古	18	2	14	16	75	222		2	11
甘肃省	3	1	1	3	20	17			1
青海省	3	3	1	3	17	10		4	1
合计	541	15	396	71	787	2366	14	156	375

现场发现的盗洞

同时，在专项行动期间，各地公安机关陆续向文物部门移交了一大批历年的涉案文物。如陕西省公安机关向文物部门移交涉案文物2953件，被盗掘走私到美国重达27吨的唐敬陵贞顺皇后石椁成功追索回国后，公安机关移交至陕西历史博物馆展出。

重点案例简介：

■ **案例一：河北省邯郸市赵王陵四号墓遭盗掘案**

2009年12月22日，邯郸市永年县文物保管所接到赵王陵文物保护员报告，全国重点文物保护单位赵王陵四号墓封土堆发现盗洞，犯罪分子用杂草对盗洞进行了伪装。随即，永年县公安局刑侦大队和县文物保护管理所迅速行动，冒着零下10余度严寒，连续蹲守15个昼夜。2010年1月6日，将再次出现在4号墓的6名盗墓犯罪嫌疑人当场抓获，并从盗洞中缴获一批铁锤、铁锹、钢钎等作案工具。6名盗墓犯罪分子均被司法部门判处10年以上有期徒刑。

现场抓捕犯罪分子

犯罪分子指认作案现场

■ 案例二：安徽省淮南市"5·6"专案

2009年底至2010年5月份以来，犯罪嫌疑人范某、朱某、孙某等多次盗掘淮南市谢家集李郢孜地区老马山古墓葬、古文化遗址。专案组将以上系列盗墓案并案侦查，取名为"5·6"专案。截止2010年6月，专案组共抓获犯罪嫌疑人33名，打掉两个称霸一方的恶势力团伙，破获盗掘古墓葬案件20余起、倒卖文物案件30余起，追缴涉案文物200余件，其中一级文物4件，二级文物6件，三级文物80件。

■ 案例三：安徽省寿县古寿春城遗址汉代王墓被盗挖及倒卖文物案

2010年4月初，寿县公安局接群众举报：寿县寿春镇某综合楼工程施工中有古墓被盗挖。寿县公安局迅速成立专案组，抓获主要犯罪嫌疑人8名。据交待，2009年6月1日晚，该综合楼施工中发现古墓葬，为赶进度，工程负责人指示施工人员用挖掘机将该墓挖掉。施工人员挖开墓后，将墓内文物哄抢，并倒卖至江苏等地。专案组及时出击，追回文物250余件，其中一级文物4件、二级文物2件、三级文物33件，避免了国家珍贵文物流失。从缴获的玉衣片等文物分析，该墓应为汉代王侯级墓葬。

文物部门配合刑侦部门现场勘查

■ 案例四：山东省济宁市"2009.2.13"特大盗掘古墓葬案件

2009年初，济宁市公安局接举报称有人盗掘曲阜市姜村古墓（山东省重点文物保护单位），迅速成立"2.13"专案组，辗转9省市，将主要犯罪嫌疑人全部抓获。经查明，山东、河南等地犯罪分子30余人交叉结伙，组成多个犯罪集团，使用钢钎、洛阳铲、炸药等工具，通过掘洞爆破等危险方式，对姜村古墓大肆盗掘，盗得玉器、金器、银器、铜器、漆器、水晶制品等大量珍贵文物，倒卖后获赃款近千万元。从缴获玉衣等文物看，姜村古墓等级极高。此案盗掘行为破坏巨大，多件珍贵文物尚未追回，损失无法弥补。

■ 案例五：河南省驻马店市"2010.1.1"特大盗掘古墓葬案

2009年12月2日，驻马店市公安局接群众举报，发现犯罪分子在驻马店市正阳县付寨乡疯狂盗掘古墓葬。2010年1月1日凌晨，驻马店市公安局调集市局刑警支队、行动技术支队、特警支队及新蔡县公安局刑警大队警力共100余人采取联合行动，在正阳县将梁某等17名主要犯罪嫌疑人全部抓获，成功破获"2010.1.1"特大盗掘古墓葬案，当场缴获洛阳铲、探杆、手电筒、夜视仪等作案工具20余件，缴获文物122件，其中国家一级文物3件，二级文物11件，三级文物70件。

公安机关和文物部门联合勘查现场　　　收缴的部分文物

■ 案例六：河南省许昌市刘某、谈某两大特大盗墓团伙案

2009年11月，许昌市公安局接到村民举报有人盗掘古墓后，立即成立专案组，经过两个月的缜密侦查，一举抓获刘某等犯罪嫌疑人。据交待，还有一江苏籍盗墓团伙在许昌盗掘古墓。2010年4月6日，专案组又将谈某等6人犯罪团伙抓获。经查，2009年以来，两团伙先后在河南、安徽、云南等省疯狂作案，盗掘古墓葬10多次。专案组共抓获两个团伙21名犯罪嫌疑人，追缴文物40余件，缴获军用枪支1支、气手枪2只、子弹51发、雷管5枚、硝铵炸药15公斤、车辆若干。

收缴的部分作案工具

■ 案例七：湖北省襄樊市谷城尖角古墓群盗掘案

2009年5月，襄樊市公安局、谷城县公安局收到举报：陈某、徐某等人在谷城县冷集镇尖角村盗掘古墓。襄樊市公安局立即组成由刑警支队、技术部门和谷城县局刑警大队抽调专人的专案组，经数月侦破，一举抓获嫌疑人8名，破获盗掘古墓案9起、倒卖文物案2起，追回青铜器、玉器、陶瓷器等各类文物58件（套），其中国家一级文物2件，二级文物10件（套），三级文物13件（套）。

■ 案例八：湖北省荆门市沙洋县黎家冢盗掘案

2010年3月22日，荆门市沙洋县官垱镇黎家冢古墓被盗。沙洋县公安局刑侦大队利用调查走访、视频监控、通讯资料分析、布控等侦查措施，仅用30天时间就将该案成功破获，一举抓获18名犯罪嫌疑人，带破荆州、当阳、枝江、沙洋等地60余起盗掘古墓案。

盗墓现场　　　公安机关研究案件侦破情况

■ 案例九：唐贞顺皇后敬陵被盗案

2004年5月至2005年6月，以杨彬为首的20余人犯罪团伙，对位于西安市长安区庞留村附近的唐代贞顺皇后敬陵实施疯狂盗掘。其中，墓内重达27吨，长4米、宽2.6米、高2.3米的彩绘石椁被分解打包，走私出境，造成国家珍贵文物流失海外。该案已成功告破，抓获杨彬等犯罪分子13名，主犯判处无期徒刑。在本次专项行动中，专案组成功自美国将被盗石椁追索回国。

犯罪分子在盗掘过程中拍摄的作案现场

石椁追索回国后通关与移交现场

犯罪分子在盗掘过程中拍摄的作案现场

石椁追索回国后通关与移交现场

石椁在陕西历史博物馆安装过程

石椁在陕西历史博物馆展出场景

■ 案例十：“8.28”特大伪造火漆倒卖文物案

2009年8月，陕西省西安市公安局文物稽查大队接群众举报，有人准备倒卖一批青铜器。文物稽查大队迅速破案，查获数十件青铜器，发现部分涉案文物打有文物入境火漆，经鉴定部分火漆属伪造。2009年末，许某等犯罪嫌疑人在北京被抓获，同时查获假火漆、假印章、文物临时入境登记表，查扣文物200余件，其中二级文物25件，三级文物23件。此案以境外回流文物方式骗取合法手续，伪造公章、火漆，严重危害文物管理秩序，犯罪嫌疑人已被依法逮捕。

查获的大量印章、火漆、文物临时入境登记表

真“鉴”字 火漆（上）与案犯伪造的“签”字火漆（下）对比

西安现场缴获部分文物

在犯罪嫌疑人温某商店内查获的文物

■ 案例十一：陕西省西安市石佛像被盗案

2010年5月15日晚上11时许，西安市长安区韦曲街办新合村村民发现俗称“油爷”的青石如来佛立像不翼而飞，“油爷”高约2米，重达1吨。长安区打击文物犯罪专项行动办公室坚持走群众路线，调查摸排，经过20多天的艰苦工作，于6月11日抓获了一名犯罪嫌疑人，追回被盗“油爷”。

根据犯罪嫌疑人指认，现场提取涉案文物石佛像“油爷”

嫌疑人指认现场

《中华人民共和国刑事法典》《中华人民共和国文物保护法》

■ 案例十二：青海省同仁县西山墓被盗案

2009年1月10日同仁县文物管理所报该县保安镇西山墓地被盗。县公安局随即立案。2009年12月该案确定为公安部第一批打击文物犯罪专项行动挂牌督办案件。专案组运用多种侦查手段，先后抓获犯罪嫌疑人8名，追回被盗文物11件。

追缴的部分文物

■ 案例十三：内蒙古自治区兴安盟"9·8"系列盗掘古墓葬案

2009年9月8日，公安机关接到线索举报：兴安盟科右中旗坤都冷工作部东山坡有古墓葬被盗掘。2009年12月，该案确定为公安部第一批打击文物犯罪专项行动挂牌督办案件。专案组经缜密侦查，架网守候，现场抓获了准备赎卖出土文物的犯罪嫌疑人，收缴出土文物24件。同时，在专项行动中，专案组搜缴雷管2枚，火药0.5公斤，猎枪钢珠散弹19发，匕首、长矛等凶器10余件。

四　任重道远，文物安全没有休止符

打击文物犯罪未有穷期。保持打击文物犯罪的高压态势，坚持打防结合，加强法制建设，强化安全监管，加大投入力度，提高科技水平，努力构建以各级政府为主导、文物与公安密切配合、全社会共同参与的文物安全长效机制。

共筑钢铁长城

法制建设，奠基之业。2002年新修订的《中华人民共和国文物保护法》颁布，国家先后出台文物行政法规、部门规章、规范性文件40余项，各地先后颁行80余部文物保护地方法规和政府规章。1997年《刑法》对侵害文物安全、妨害文物管理的各项文物犯罪作出了专门规定。

我国加入《关于禁止和防止非法出口文化财产和非法转让其所有权的方法的公约》和《关于被盗或者非法出口文物的公约》等国际公

约，并先后与秘鲁、印度、意大利、菲律宾、希腊、智利、塞浦路斯、委内瑞拉、美国、土耳其、埃塞俄比亚、澳大利亚、埃及等13国签署了防止盗窃、盗挖和非法进出境文物的双边协定或谅解备忘录。

2010年5月5日国务院批复建立《全国文物安全工作部际联席会议制度》，负责统筹协调全国文物安全与执法工作。联席会议由文化部、公安部、国土资源部、环境保护部、住房城乡建设部、海关总署、工商总局、旅游局、宗教局、文物局等10个部门组成。联席会议办公室设在国家文物局。

全国文物安全部际联席会议第一次会议会场

文化部部长蔡武讲话

公安部副部长张新枫讲话

国家文物局增设了督察司，专门负责文物行政执法督察与安全监管工作。全国31个省级文物部门均成立了专兼职文物执法与安全监管机构，许多市、县级文物部门设立了专职执法队伍。陕西、河北等省公安厅成立专门的文物案件侦办机构，河南省设立了12个文物派出所，防范和打击文物犯罪力量进一步增强。

国家文物局局长单霁翔为湖南省长沙市
文物公安联合执法办公室挂牌

河南省巩义市文物派出所

点燃科技明灯

魔高一尺，道高一丈。文物科技装备越强，文物安全就越有保障。中央财政对文物安全防范设施设备的投入逐年加大，2010年投入经费已达到1.5亿元。国家文物局积极组织实施田野文物安全防范技术实验工程，河南、内蒙古、陕西、甘肃、湖北等地通过实验工程建立了一批田野文物技防设施，震慑了文物犯罪分子，提高了文物安全防范能力。

博物馆文物安全防范设备

田野文物技防设备

田野文物技防设备

公安部和国家文物局拟在陕西省公安厅设立"全国文物安全工作部际联席会议办公室打击文物犯罪情报中心"，建设文物违法犯罪人员信息系统、文物案件信息系统、被盗文物信息系统，为全国公安机关和文物部门打击、防范文物犯罪提供技术支持。

唤起群众力量

共同的遗产、共同的责任。铲除文物犯罪、确保文物安全，离不开党和政府的坚强领导，离不开公安和文物等相关部门的密切配合，更离不开人民群众和社会各界的积极参与、倾心支持。

群防群治、专群结合。人民群众是文物保护的基本力量，在发现、举报和制止文物犯罪，提供破案线索等方面发挥着重要作用。各地高度重视文物保护员和志愿者队伍建设，使各种文物违法犯罪行为难逃人民群众的天罗地网。

田野文物保护员

关于表彰全国重点地区打击文物犯罪专项
行动先进集体、先进个人的决定

各省、自治区、直辖市文物局（文化厅）、公安厅（局）：

公安部、国家文物局部署开展全国重点地区打击文物犯罪专项行动以来，各地公安机关和文物部门密切合作，精心部署，严密组织，积极行动，不畏艰辛，取得了重要成果，有力打击了文物犯罪，维护了文物保护管理秩序和社会稳定。为表彰先进，增强防范和打击文物犯罪工作积极性，公安部、国家文物局决定，对河南省许昌市公安刑侦支队等18个全国重点地区打击文物犯罪专项行动先进集体、卫永顺等42名全国重点地区打击文物犯罪专项行动先进个人和河南省文物局等5个全国重点地区打击文物犯罪专项行动组织协调先进单位予以表彰。

希望受表彰的单位和个人珍视荣誉，再接再厉，不断取得更大的成绩。各地文物和公安部门的同志，要以他们为榜样，加强协作，开拓创新，扎实工作，进一步加强防范和打击文物犯罪工作力度，多措并举，建立长效机制，为确保文物安全作出更大贡献。

国家文物局　公安部

2010年12月17日

全国重点地区打击文物犯罪专项行动
先进集体、先进个人、组织协调先进单位名单

一 先进集体（18个）

河南省许昌市公安刑侦支队

河南省驻马店市公安局刑警支队

山西省运城市临猗县公安局刑侦大队

陕西省西安市公安局刑侦局二处五大队

陕西省延安市靖边县公安局刑警大队

陕西省咸阳市公安局"4·3"唐建陵特大文物被盗案专案组

湖北省襄樊市公安局

湖北省荆门市沙洋县公安局

湖北省宜昌市长阳县公安局

安徽省淮南市公安局"5·6"特大盗掘古墓葬案件专案组

安徽省六安市寿县公安局"寿春城遗址汉代王墓"盗窃案件专案组

安徽省宿州市公安局赵中举团伙系列盗掘古墓葬案件专案组

济宁市公安局刑事侦查支队

内蒙古自治区兴安盟公安局刑警支队

内蒙古自治区赤峰市公安局刑警支队文物缉私大队

甘肃省酒泉市瓜州县公安局刑侦大队

青海省玉树县公安局"12·25"文物被盗案专案组

河北省邯郸市公安局邯山区分局5·27盗掘古墓葬案专案组

二 先进个人（42人）

卫永顺　公安部刑事侦查局四处调研员

巴　军　河南省驻马店市公安局刑警支队二大队大队长

姜　舰　河南省驻马店市公安局刑警支队有组织犯罪侦查大队大队长

田　戈　河南省郑州市公安局刑侦支队四大队民警

袁奇峰　河南省三门峡市公安局刑侦支队副支队长

张金锋　河南省许昌市公安局刑侦支队二大队侦查员

康永源　山西省公安厅刑侦总队三支队支队长

刘　荣　山西省运城市公安局刑侦支队二大队副大队长

李永斌　山西省临猗县公安局刑侦大队教导员

张亚军　陕西省公安厅刑事侦查局侦查处

韩清龙　陕西省西安市公安局刑侦局二处五大队（文物缉查）大队长

郭树建　陕西省咸阳市公安局刑警支队文物案件侦查大队大队长

侯朝阳　陕西省咸阳市礼泉县公安局刑警大队副大队长

姬雄强　陕西省延安市靖边县公安局刑警大队责任区二中队队长

柳　平　陕西省宝鸡市凤翔县公安局侦查员

王德贵　湖北省公安厅刑侦总队重案侦查支队科长

卢文斌　湖北省十堰市公安局技术侦察支队科员

阮银华　湖北省荆州市荆州分局刑侦大队文物犯罪侦查中队副中队长

周玉海　湖北省襄樊市公安局刑警支队二大队大队长

崔　强　湖北省宜昌市当阳市公安局刑侦大队侦查员

罗太敏　安徽省淮南市公安局谢家集分局刑警大队大队长

王　刚　安徽省六安市寿县公安局侦查员

张　鹏　安徽省宿州市公安局埇桥分局城东派出所所长

杨华伟　安徽省滁州市定远县公安局刑侦大队副大队长

吴晓曙　安徽省安庆市枞阳县公安局刑侦大队中队长

张　峰　山东省枣庄市公安局刑侦支队副支队长

杨　涛　山东省淄博市公安局临淄分局刑侦大队九中队副中队长

杜廷勇　山东省邹城市公安局刑侦大队六中队队长

包留金　内蒙古自治区公安厅刑警总队副支队长

常　所　内蒙古自治区兴安盟公安局刑警支队支队长

袁光明　内蒙古自治区兴安盟科右前旗公安局刑警大队大队长

王伟东　内蒙古自治区赤峰市公安局刑警支队文物缉私大队大队长

刘　戟　甘肃省公安厅刑警总队侵财案件侦查科科长

李　兵　甘肃省酒泉市公安局刑警支队科员

兰　杰　甘肃省兰州市公安局便衣侦查支队科员

鲍鹏飞　青海省公安厅刑警总队重案二支队

范海云　青海省同仁县公安局刑警大队副队长

吉朋措　青海省玉树县公安局小苏莽乡派出所所长

马　杰　青海省泽库县公安局刑警大队副队长

张永青　河北省公安厅刑侦局大要案侦查支队科长

徐兆良　河北省邯郸市公安局刑警支队第四大队大队长

韩　冬　河北省石家庄市公安局刑警支队副支队长

三　组织协调先进单位（5家）

河南省文物局、安徽省文物局、湖北省文物局、陕西省文物局、
河北省文物局

图版目录

第 *2* 部分　陶瓷器

第 *3* 部分　　玉器

第 4 部分　其他

铜器

Bronzes

铜鼎 ｜ 1
Bronze *Ding*-tripod
Shang

商
口径13、高15厘米
河南省驻马店市"2010.1.1"
特大盗掘古墓葬案缴获
二级文物

雷云纹分裆铜鼎 | 2
Bronze *Ding*-tripod with Separated Crotches
and Cloud-and-Thunder Pattern
Western Zhou

西周
口径17、高21厘米
陕西省陇县公安局移交
一级文物

乳钉纹铜鼎
Bronze *Ding*-tripod with Nipple Pattern
Western Zhou

3
西周
口径25、高16厘米
陕西省陇县公安局移交
三级文物

重环纹铜鼎 | **4**
Bronze *Ding*-tripod | 西周
Western Zhou | 口径21、通高21厘米
| 陕西省宝鸡市刑警队移交
| 三级文物

父辛铜方鼎 | **5**

Bronze *Fangding* with Fuxin Inscription
Western Zhou

西周
长18.9、宽14.4、通高23.8厘米
陕西省眉县公安局打击文物犯罪专项行动移交
一级文物

窃曲纹铜鼎 | **6**
Bronze *Ding*-tripod | 西周
Western Zhou | 口径28、高27厘米
陕西省西安市公安局刑侦局移交
二级文物

蟠虺纹铜盖鼎 | **7**
Bronze Lidded Ding-tripod with Coiled Serpent Design
Late Spring-and-autumn to Early Warring-states

春秋晚期至战国早期
口径23、腹径29、通高30厘米
湖北省谷城县尖角墓群被盗案缴获
现存襄阳市文物考古研究所
二级文物

蟠虺纹铜盖鼎 | **8**

Bronze Lidded Ding-tripod with Coiled Serpent Design
Late Spring-and-autumn to Early Warring-states

春秋晚期至战国早期
口径22、腹径27、通高25厘米
湖北省谷城县尖角墓群被盗案缴获
现存襄阳市文物考古研究所
二级文物

素面铜盖鼎 | **9**
Bronze Lidded *Ding*-tripod | 战国晚期
Late Warring-states | 口径14.5、腹径19、通高15.5厘米
| 湖北省谷城县尖角墓群被盗案缴获
| 现存襄阳市文物考古研究所
| 三级文物

素面铜盖鼎 | **10**
Bronze Lidded *Ding*-tripod | 战国晚期
Late Warring-states | 口径14、腹径20、通高15.5厘米
  | 湖北省谷城县尖角墓群被盗案缴获
  | 现存襄阳市文物考古研究所
  | 三级文物

素面铜盖鼎 | **11**
Bronze Lidded *Ding*-tripod
Late Warring-states

战国晚期
口径18.5、腹径24、通高20厘米
湖北省谷城县尖角墓群被盗案缴获
现存襄阳市文物考古研究所
三级文物

素面铜盖鼎
Bronze Lidded *Ding*-tripod
Late Warring-States

12
战国晚期
口径18、腹径25、高21厘米
湖北省谷城县尖角墓群被盗案缴获
现存襄阳市文物考古研究所
二级文物

蟠螭纹铜盖鼎 | **13**
Bronze Lidded *Ding*-tripod with Interlaced Hydra Design
Warring-States

战国
高19、宽11厘米
陕西省西安市公安局刑侦局移交
二级文物

铜盖鼎
Bronze Lidded *Ding*-tripod
Warring-States

14

战国
口径11、腹径14.5、通高16厘米
安徽省淮南市"5·6"专案缴获
二级文物

蟠虺纹铜盖鼎 | **15**
Bronze Lidded *Ding*-tripod with Coiled Serpent Design | 战国
Warring-States | 口径17、腹径19.5、通高22.5厘米
安徽省淮南市"5·6"专案缴获

蟠虺纹铜盖鼎 | **16**

Bronze Lidded *Ding*-tripod with Coiled Serpent Design
Warring-States

战国

口径17、腹径19.5、通高22.5厘米

安徽省淮南市"5·6"专案缴获

蟠虺纹铜盖鼎 | **17**
Bronze Lidded *Ding*-tripod with Coiled Serpent Design
Warring-States

战国
口径17、腹径19.5、通高22.5厘米
安徽省淮南市"5·6"专案缴获

铜盖鼎 | **18**
Bronze Lidded *Ding*-tripod
Warring-States

战国
口径16.7、通高21.8厘米
陕西省宝鸡市刑警队移交
三级文物

蟠虺纹铜盖鼎
Bronze Lidded *Ding*-tripod with Coiled Serpent Design
Easten Zhou

19
东周
口径22.5、腹径25、
通高24.5厘米
河南省驻马店市"2010.1.1"特大盗掘古墓葬案缴获
二级文物

三足铜盖鼎（宋刻铭）
Bronze Lidded *Ding*-tripod with Inscription of the Song Dynasty
Western Han

20

西汉
口径15.5、通高17厘米
陕西省"1·14"特大盗掘古墓案缴获
现存陕西历史博物馆
二级文物

铜鼎 | **21**
Bronze *Ding*-tripod | 汉
Han | 口径18、腹径22、通高22厘米
| 陕西省西安市文物稽查队追缴
| 三级文物

铜方壶 | **22**

Bronze Square Pot
Late Spring-and-Autumn to Early Warring-States

春秋晚期至战国早期
口径13、腹径26、底径15、高49厘米
湖北省谷城县尖角墓群被盗案缴获
现存襄阳市文物考古研究所
二级文物

铜器｜陶瓷器｜玉器｜其他

带盖素面铜方壶 | **23**

Bronze Square Pot
Late Spring-and- Autumn to Early Warring-States

春秋晚期至战国早期

口径11.5、腹径22、底径14、通高45厘米

湖北省谷城县尖角墓群被盗案缴获

现存襄阳市文物考古研究所

二级文物

带盖素面铜圆壶
Bronze Lidded Pot
Late Spring-and- Autumn to Early Warring-States

24
春秋晚期至战国早期
口径10.5、腹径23、底径14、通高28厘米
湖北省谷城县尖角墓群被盗案缴获
现存襄阳市文物考古研究所
一级文物

带盖素面铜圆壶 | **25**
Bronze Lidded Pot
Late Spring-and- Autumn to Early Warring-States

春秋晚期至战国早期
口径9.5、腹径23、底径13、
通高27厘米
湖北省谷城县尖角墓群被盗案缴获
现存襄阳市文物考古研究所
一级文物

铜方壶 | **26**
Bronze Square Pot | 战国
Warring-States | 口径9、腹径16、底径9.5、高28.5厘米
| 河南省灵宝市阳店镇系列盗掘古墓葬案追缴

弦纹铜壶 | **27**
Bronze Pot with Bowstring Pattern
Han

汉
高35.5厘米
陕西省宝鸡市公安局禁毒支队移交
三级文物

铜提梁盉 | **28**
Bronze *he*-pot with Swing Handle
Late Spring-and-Autumn to Early Warring-States

春秋晚期至战国早期
口径12.5、腹径30、通高28厘米
湖北省谷城县尖角墓群被盗案缴获
现存襄阳市文物考古研究所
二级文物

乳钉纹铜簋（宋刻铭）
Bronze *Gui*-tureen with Nipple Pattern and Inscription of the Song Dynasty
Shang

29
商
口径25、底径17.5、高16厘米
陕西省"1·14"特大盗掘古墓案缴获
现存陕西历史博物馆
一级文物

铜簋 | **30**
Bronze *Gui*-tureen | 商
Shang | 口径22.5、底径17、高15厘米
河南省驻马店市"2010.1.1"特大盗掘古墓葬案缴获
一级文物

鼓腹圈足涡纹铜簋 | 31
Bronze *Gui*-tureen with Projecting Belly and Spiral Pattern
Western Zhou

西周
口径21.2、高15.3厘米
陕西省陇县公安局移交
二级文物

列旗纹铜簋 | **32**

Bronze *Gui*-tureen with Flag-row Pattern
Western Zhou

西周
口径22、通高13.4厘米
陕西省眉县公安局打击文物犯罪专项行动移交
一级文物

镶嵌勾连卷云纹铜豆 | **33**
Bronze *Dou*-stemmed Bowl with Inlayed Curling-cloud Pattern
Late Spring-and- Autumn to Early Warring-States

春秋晚期至战国早期
口径17、腹径18.5、底径13.5、通高25厘米
湖北省谷城县尖角墓群被盗案缴获
现存襄阳市文物考古研究所
二级文物

铜豆 | **34**

Bronze *Dou*-stemmed Bowl

Han

汉

口径11.5、腹径13.5、底径8.8、高15.5厘米

陕西省西安市文物稽查队追缴

三级文物

带盖三足铜罐 | **35**

Three-legged Bronze Lidded Jar
Warring-States

战国
口径4.5、腹径8.5、底径5.5、
通高7厘米
湖北省谷城县尖角墓群被盗案缴获
现存襄阳市文物考古研究所
三级文物

铜爵 | **36**
Bronze *Jue*-wine Cup | 商
Shang | 口径15、腹径10、高17.5厘米
| 河南省驻马店市"2010.1.1"特大盗掘古墓葬案缴获
| 二级文物

铜爵 | **37**
Bronze *Jue*-wine Cup | 商
Shang | 口径18、高20厘米
河南省驻马店市"2010.1.1"特大盗掘古墓葬案缴获
二级文物

深腹圜底饕餮纹铜爵 | **38**
Bronze *Jue*-wine Cup with Deep Belly, Round Bottom and Taotie Design
Western Zhou

西周
高16.6厘米
陕西省陇县公安局移交
二级文物

云雷纹铜觯 | **40**
Bronze *Zhi*-wine Cup
with Cloud-and-Thunder
Pattern
Western Zhou

西周
口径7.2、高15.1厘米
陕西省陇县公安局移交
二级文物

铜瓠 | **39**
Bronze *Gu*-Goblet
Shang

商
口径13.5、底径9.5、高28厘米
河南省驻马店市 "2010.1.1"
特大盗掘古墓葬案缴获
三级文物

兽面纹铜尊 | **41**

Bronze *Zun*-vessel with Animal Mask Design | 商

Shang | 口径29.6、腹径21、底径15、高29厘米

河南省驻马店市 "2010.1.1" 特大盗掘古墓葬案缴获

二级文物

涡纹深腹圈足铜罍 | **42**

Bronze *Lei*-wine Vessel with
Deep Belly and Spiral Pattern
Western Zhou

西周
口径13.3、高37.2厘米
陕西省陇县公安局移交
二级文物

提梁饕餮纹铜卣 | **43**

Bronze *You*-wine Vessel with Taotie Design and Swing Handle
Western Zhou

西周
口径15、高33厘米
陕西省陇县公安局移交
二级文物

兽面纹分裆铜甗
Bronze *Yan*-steamer with Separated Crotches
and Animal Mask Design
Western Zhou

44
西周
口径28.5、高43厘米
陕西省陇县公安局移交
二级文物

铜甗 | 46

Bronze *Yan*-steamer
Warring-States

战国
釜口径18、甑口径9.5、腹径19、
通高21.5厘米
河南省灵宝市阳店镇系列盗掘
古墓葬案追缴

窃曲纹铜方甗 | 45
Square Bronze *Yan*-steamer with
Impoverished Curve Pattern
Western Zhou

西周
高38、宽21厘米
陕西省西安市公安局刑侦局移交
二级文物

铜甗 | **47**

Bronze *Yan*-steamer | 汉
Han | 甑口径27、釜腹径27.5、通高30厘米
| 陕西省宝鸡市刑侦支队移交
| 二级文物

铜釜 | **48**
Bronze *Fu*-cauldron | 战国
Warring-States | 口径11.2、腹径15、高15.5厘米
| 河南省灵宝市阳店镇系列盗掘古墓葬案追缴

铜钵 | **50**
Bronze Bowl | 唐
Tang | 口径16.8、腹径21、底径15、高10厘米
安徽省庐江县公安局打击文物犯罪专项行动移交

铜钟 | **49**
Bronze Wine Jar | 汉
Han | 口径18、腹径34、高44厘米
陕西省西安市文物稽查队追缴
三级文物

鎏金錾花铜匜（宋刻铭）

Gilt Bronze *Yi*-Pourer with Chiseled Design and
Inscription of the Song Dynasty

Tang

51

唐

口径26、底径13、通高8厘米

陕西省"1·14"特大盗掘古墓案缴获

现存陕西历史博物馆

一级文物

铜勺 | **52**
Bronze Ladle | 战国
Warring-States | 通长33、勺宽9.5厘米
湖北省谷城县尖角墓群被盗案缴获
现存襄阳市文物考古研究所
三级文物

铜勺 | **53**
Bronze Ladle | 战国
Warring-States | 通长33.5、勺宽10厘米
湖北省谷城县尖角墓群被盗案缴获
现存襄阳市文物考古研究所
三级文物

铜勺 | **54**
Bronze Ladle | 战国
Warring-States | 通长17、勺宽11厘米
| 湖北省谷城县尖角墓群被盗案缴获
| 现存襄阳市文物考古研究所
| 三级文物

铜舟 | **55**
Bronze *Zhou*-bowl | 战国
Warring-States | 长17、宽15、高7厘米
山东省济南市长清区盗掘古墓案缴获
山东省平阴县安城乡毛铺村出土

铜舟 | **56**
Bronze *Zhou*-bowl with Double Handle
Warring-States

战国
高7、宽13厘米
陕西省西安市公安局刑侦局移交
三级文物

元和二年铜鎏金舟 | **57**
Gilt Bronze *Zhou*-bowl with Date "the
Second Year of Yuanhe Era (85 CE)"
Eastern Han

东汉
口径18、底径10、高5.2厘米
安徽省寿县古寿春城遗址汉代王墓
被盗挖及倒卖文物案缴获

铜鐎斗 | **58**
Bronze Dipper | 汉
Han | 直径11.6厘米
陕西省宝鸡市公安局禁毒支队移交
三级文物

弦纹龙首形柄铜鐎斗 | **59**
Bronze Dipper with Bowstring Pattern | 汉
and Dragon-head-shaped Handle | 口径19、通高24.5厘米
Han | 陕西省宝鸡市刑警队移交
| 三级文物

圆叶纹兽耳三足铜炉 | **60**
Three-legged Bronze Oven with Animal-shaped
Ears and Leaf Design
Qing

清
口径12.5、通高14.6厘米
陕西省宝鸡市刑警队移交
三级文物

三足扁体铜灯 | **61**
Three-legged Bronze Lamp | 汉
Han | 口径13.75、高4.6厘米
陕西省宝鸡市刑警队移交
三级文物

铜戈 | **63**
Bronze *Ge*-dagger Ax
Shang

商
长20、宽8厘米
河南省驻马店市 "2010.1.1" 特大盗
掘古墓葬案缴获
三级文物

铜刀 | **62**
Bronze Kinfe
Shang

商
长28.5、宽3.7厘米
河南省驻马店市 "2010.1.1" 特大盗掘古墓葬案缴获

铜戈 | **64**
Bronze *Ge*-dagger Ax | 商
Shang | 长22、宽8.1厘米
河南省驻马店市"2010.1.1"特大盗掘古
墓葬案缴获
三级文物

铜戈	**65**
Bronze *Ge*-dagger Ax	商
Shang	长21.5、宽7.5厘米
	河南省驻马店市"2010.1.1"特大盗掘古墓葬案缴获
	三级文物

铜戈 | **66**
Bronze *Ge*-dagger Ax
Late Spring-and- Autumn to Early Warring-States

春秋晚期至战国早期
长18.2、宽9.3厘米
湖北省谷城县尖角墓群被盗案缴获
现存襄阳市文物考古研究所

铜戈 | **67**
Bronze *Ge*-dagger Ax | 战国
Warring-States | 长19.2、宽11.3厘米
山东省济南市长清区盗掘古墓案缴获
山东省平阴县安城乡毛铺村出土

铜戈 | **68**
Bronze *Ge*-dagger Ax | 战国
Warring-States | 长17.5、宽6.7厘米
山东省济南市长清区盗掘古墓案缴获
山东省平阴县安城乡毛铺村出土

铜戈
Bronze *Ge*-dagger Ax
Warring-States

69
战国
长 30、宽12.9厘米
山东省济南市长清区盗掘古墓案缴获
山东省平阴县安城乡毛铺村出土

铜戈
Bronze *Ge*-dagger Ax
Warring-States

70
战国
长15.5、宽11厘米
安徽省淮南市"5·6"专案缴获

三穿铜戈 | **71**

Bronze *Ge*-dagger Ax with Three Shaft Holes
Warring-States

战国

长17.5、宽12厘米

陕西省西安市公安局刑侦局移交

三级文物

铜剑 | **72**
Bronze Sword | 战国
Warring-States | 长18、宽3.5厘米
山东省济南市长清区盗掘古墓案缴获
山东省平阴县安城乡毛铺村出土

曲刃铜剑 | **73**
Bronze Sword with Curved Blades
Eastern Zhou

东周

长32.5厘米

内蒙古赤峰市打击文物犯罪

专项行动追缴

现存宁城县文物管理所

铜锛 | **74**
Bronze Adze | 商
Shang | 长10、宽3.5厘米
河南省驻马店市"2010.1.1"特大盗掘古
墓葬案缴获
三级文物

铜锛 | **75**
Bronze Adze | 商
Shang | 长10、宽3.5厘米
河南省驻马店市"2010.1.1"特大盗掘古
墓葬案缴获
三级文物

铜凿 | **77**
Bronze Chisel | 东周
Eastern Zhou | 长9厘米
内蒙古赤峰市打击文物犯罪专项行动追缴
现存宁城县文物管理所

铜凿 | **76**
Bronze Chisel | 商
Shang | 长11、宽2厘米
河南省驻马店"2010.1.1"
特大盗掘古墓葬案缴获
三级文物

铜刻刀 | **78**
Bronze Graver | 东周
Eastern Zhou | 长10.5厘米
内蒙古赤峰市打击文物
犯罪专项行动追缴
现存宁城县文物管理所

铜环首削 | **79**
Bronze Cutter with Ring-shaped Pommel | 东周
Eastern Zhou | 长17厘米
　| 内蒙古赤峰市打击文物犯罪专项行动追缴
　| 现存宁城县文物管理所
　| 三级文物

三棱铜镞（3件）　　**80**
Triangular Bronze Arrowheads　　春秋晚期
Late Spring-and-Autumn　　长12.7~15.8厘米
河南省许昌市刘某、谈某两个特大盗墓团伙案追缴

翼形铜镞（5件）
Wing-shaped Bronze Arrowheads (5 Pieces)
Late Spring-and-Autumn

81
春秋晚期
长10.7~13.1厘米
河南省许昌市刘某、谈某两个特大盗墓团伙案追缴

三棱铜镞（2件） | **82**
Triangular Bronze Arrowheads (2 Pieces) | 春秋晚期
Late Spring-and-Autumn | 长3.5、4厘米
　　　　　　　　　　　　　　　　 | 河南省许昌市刘某、谈某两个特大盗墓团伙案追缴

鎏金铜泡钉 | **83**
Gilt Bronze Capped Nail | 春秋晚期
Late Spring-and-Autumn | 直径6厘米
　　　　　　　　　　　　　 | 河南省许昌市刘某、谈某两个特大盗墓团伙案追缴
　　　　　　　　　　　　　 | 三级文物

铜弩机 | **84**
Bronze Crossbow Trigger Mechanism
Late Spring-and-Autumn
春秋晚期
高7.5、宽9.2厘米
河南省许昌市刘某、谈某两个特大盗墓团伙案追缴

骨舌铜铃 | **85**
Bronze Bell with Bone Clapper | 战国
Warring-States | 长10.5、宽4厘米
河南省郑州市盗掘古
墓、贩卖文物案追缴

铜车饰 | **86**
Bronze Chariot Fitting Late Spring-and-Autumn | 春秋晚期
Late Spring-and-Autumn | 长10、宽6厘米
河南省许昌市刘某、谈某两个
特大盗墓团伙案追缴

铜车饰（6件）
Bronze Chariot Fittings (6 Pieces)
Late Spring-and- Autumn to Early Warring-States

87
春秋晚期至战国早期
高5.9～7.3厘米
湖北省谷城县尖角墓群被盗案缴获
现存襄阳市文物考古研究所
三级文物

铜车饰（4件）

Bronze Chariot Fittings (4 Pieces)
Late Spring-and- Autumn to Early Warring-States

春秋晚期至战国早期

长10厘米

湖北省谷城县尖角墓群被盗案缴获

现存襄阳市文物考古研究所

三级文物

蟠虺纹铜甬钟（4件）

Bronze Bells with Coiled Serpent Design and
Cylindrical Shank on Top (4 Pieces)
Spring-and-Autumn

89

春秋

高40~54厘米

宽20.5~29厘米

陕西省"8·28"特大伪造火漆倒卖文物案缴获

现存陕西历史博物馆

一级文物

蟠螭纹铜甬钟（2件）
Bronze Bells with Interlaced Hydra Design and
Cylindrical Shank on Top (2 Pieces)
Spring-and-Autumn

90
春秋
高34、24厘米
宽18、11厘米
陕西省西安市公安局刑侦局移交
三级文物

蟠螭纹铜纽钟（7件）

Bronze Bell with Interlaced Hydra Design and
Loop-shaped Knob on Top (7 Pieces)
Spring-and-Autumn

91

春秋

高23~16厘米

宽14~9厘米

陕西省西安市公安局刑侦局移交

二级文物

蟠虺纹铜纽钟（9件）
Bronze Bell with Coiled Serpent Design and Loop-
shaped Knob on Top (9 Pieces)
Spring-and-Autumn

92

春秋

高14.5~25厘米

宽10~19厘米

陕西省"8·28"特大伪造火漆倒卖文物案缴获

现存陕西历史博物馆

一级文物

铜纽钟（4件）
Bronze Bells with Loop-shaped Knob on Top (4 Pieces)
Late Spring-and-Autumn to Early Warring-States

93
春秋晚期至战国早期
高14～19厘米
宽7.3～11.7厘米
湖北省谷城县尖角墓群被盗案缴获
现存襄阳市文物考古研究所
二级文物

铜管 | **94**
Bronze Tube | 战国
Warring-States | 长5、宽1.8厘米
河南省郑州市盗掘古墓、贩卖文物案追缴

铜鐏 | **95**
Bronze Shaft Finial | 战国
Warring-States | 长13、宽3厘米
河南省郑州市盗掘古墓、
贩卖文物案追缴

铜璜 | **96**
Bronze Huang-semicircular Pendant | 战国
Warring-States | 长8.5、宽1.7厘米
河南省郑州市盗掘古墓、
贩卖文物案追缴

铜器 陶瓷器 玉器 其他

铜樽轮 | **97**
Bronze Pulleys (for Transferring Coffins into Grave)
Western Han

西汉
长32、宽16、高16厘米
河北省邯郸市赵王陵四号墓遭盗掘案缴获

"公孙□印"铜印 | **98**
Bronze Seal with "Gongsun X" Script | 汉
Han | 印面边长2、高1.8厘米
安徽省泗县公安局打击文物犯罪专项行动移交

龙首鎏金嵌绿松石铜带钩 | **99**
Gilt Bronze Belt Hook with Dragon Head and Turquoise Inlayed | 汉
Han | 长10厘米
| 安徽安徽省淮南市"5·6"专案缴获

兽纹铜镦 | **100**
Bronze Shaft Finial with | 汉
Animal Mask Design | 长11.5、直径2厘米
Han | 安徽省淮南市"5·6"专案缴获

兽面纹鎏金铜铺首 | **101**
Gilt Bronze Pushou-door Knocker
with Animal Mask Design
Western Han

西汉
高7、宽9.4厘米
陕西省"1·14"特大盗掘古墓案缴获
现存陕西历史博物馆
三级文物

"千秋万岁"铭錾花铜尺 | **102**
Bronze Ruler with Chiseled Design and "*Qianqiu* | 唐
Wansui (Eternal)" Inscription | 长30.5、宽2.2厘米
Tang | 陕西省西安市公安局刑侦局移交
| 三级文物

朱雀花蕾纹铜镜 | **103**
Bronze Mirror with Bird and Flower Bud Designs
Warring-States

战国
直径10.5、厚0.3厘米
河南省驻马店市"2010.1.1"特大盗掘古墓葬案缴获

草叶纹铜镜 | **104**

Bronze Mirror with Grass Leaf Design
Late Warring-States

战国晚期

直径10、厚0.3厘米

河南省驻马店市"2010.1.1"特大盗掘古墓葬案缴获

四乳鸟纹铜镜 | **105**

Bronze Mirror with Four Nipples and Bird Design | 汉

Han | 直径9.5、厚0.5厘米

安徽省淮南市"5·6"专案缴获

连弧纹铭文铜镜 | **106**

Bronze Mirror with Running Curves and Inscription
Han

汉

直径10、厚0.5厘米

安徽省淮南市"5·6"专案缴获

连弧纹铜镜 | **107**

Bronze Mirror with Running Curves | 汉

Han | 直径28、厚0.9厘米

陕西省"1·14"特大盗掘古墓案缴获

现存陕西历史博物馆

三级文物

海兽葡萄纹铜镜 **108**

Bronze Mirror with Exotic Animal and Grape Designs
Tang

唐

直径15、厚1.4厘米

安徽省庐江县公安局打击文物犯罪专项行动移交

海兽葡萄纹铜镜 | **109**
Bronze Mirror with Exotic Animal and Grape Designs
Tang

唐
直径15、厚1.2厘米
陕西省西安市公安局刑侦局移交
三级文物

海兽纹铜镜 | **110**

Bronze Mirror with Exotic Animal Design
Tang

唐
直径19、厚1.1厘米
陕西省凤翔县公安局移交
一级文物

铭带海兽纹铜镜 | **111**
Bronze Mirror with Exotic Animal Design and Inscription | 唐
Tang | 直径12.5、厚1厘米
| 陕西省凤翔县公安局移交
| 二级文物

凤鸟衔绶葵缘铜镜 | **112**

Mallow-shaped Bronze Mirror with Phoenix Picking Ribbon
Tang

唐
直径28、厚1厘米
陕西省宝鸡市刑侦支队移交
二级文物

明乐仙山铭带铜镜 | **113**

Bronze Mirror with Exotic Animal Design
and "*Mingyue Xianshan* (Melodic Music
and Immortal Mountain)" Inscription
Tang

唐
直径23、厚1.5厘米
陕西省宝鸡市刑侦支队移交
三级文物

"湖州照子"铭铜镜

Bronze Mirror with "Huzhou" Inscription
Northern Song

114

北宋
直径19.5、厚0.5厘米
陕西省"1·14"特大盗掘古墓案缴获
现存陕西历史博物馆
三级文物

"湖州照子" 铭铜镜 | 115

Bronze Mirror with "Huzhou" Inscription
Northern Song

北宋
直径19.5、厚0.5厘米
陕西省"1·14"特大盗掘古墓案缴获
现存陕西历史博物馆
三级文物

海兽葡萄纹铜镜 | **116**
Bronze Mirror with Exotic Animal and Grape Designs | 辽
Liao | 直径16.8厘米
内蒙古兴安盟打击文物犯罪专项行动追缴
现存兴安盟博物馆
二级文物

铜鎏金佛造像 | **117**
Gilt Bronze Buddha Statue | 明
Ming | 高16.8厘米
| 陕西省凤翔县公安局移交
| 三级文物

铜鎏金释迦牟尼造像 | **118**
Gilt Bronze Statue of Sakyamuni Buddha
Ming

明
高35.5厘米
陕西省宝鸡市刑警队移交
三级文物

韦驮铜造像 | **119**
Bronze Statue of Skanda Bodhisattva | 明
Ming | 通高23.4厘米
陕西省宝鸡市刑警队移交
三级文物

铜佛造像 | **120**
Bronze Buddha Statue | 明
Ming | 高30厘米
| 陕西省西安市公安局刑侦局移交
| 三级文物

鎏金镶红铜菩萨像 | **121**
Gilt Bronze Bodhisattva Statue Inlaid with Copper | 清
Qing | 高29、底宽22、厚14厘米
陕西省西安市公安局刑侦局移交
三级文物

铜鎏金释迦牟尼佛坐像 | **122**

Gilt Bronze Seated Statue of Sakyamuni Buddha
Qing

清
高19.2厘米
陕西省宝鸡市刑警队移交
三级文物

铜观音菩萨造像 **123**
Bronze Statue of Avalokitesvara Bodhisattva
Qing

清
高39厘米
陕西省西安市公安局
刑侦局移交
三级文物

铜观音菩萨二童子造像
Bronze Statue of Avalokitesvara
Bodhisattva and Two Disciples
Qing

124

清

高29厘米

陕西省宝鸡市刑警队移交

三级文物

陕西省凤翔县公安局移交
三级文物

莲花座铜佛像 | **125**
Bronze Buddha Statue on Lotus Seat | 清
Qing | 高13厘米
陕西省凤翔县公安局移交
三级文物

陶瓷器

—— Potteries

单耳陶罐 | **126**
Single-handled Pottery Jar
Longshan Culture, Neolithic Age

新石器时代龙山文化
口径13.5、腹径19、高18厘米
山东省沂南县李守增等盗掘西司马
古遗址案缴获

双耳陶罐 | **127**
Double-handled Pottery Jar
Longshan Culture, Neolithic Age

新石器时代龙山文化
口径8.5、腹径15.5、高16厘米
山东省沂南县李守增等盗掘西司马
古遗址案缴获

双耳蛇形纹彩陶罐 | **128**
Painted Double-handled Pottery Jar with Serpent | 新石器时代
Design | 口径16、腹径42、底径14、高40厘米
Neolithic Age | 青海省同仁县西山墓被盗案追缴

双耳蛇形纹彩陶罐 | **129**
Painted Double-handled Pottery Jar with Serpent
Design
Neolithic Age

新石器时代
口径9、腹径45、底径9、高35厘米
青海省同仁县西山墓被盗案追缴

双耳三角纹彩陶罐　**130**
Painted Double-handled Pottery Jar with Triangle
Design
Neolithic Age

新石器时代
口径6、腹径23、底径8、高21厘米
青海省同仁县西山墓被盗案追缴

双耳彩陶罐 | **131**

Painted Double-handled Pottery Jar
Neolithic Age

新石器时代

口径14、腹径35、底径10、高28厘米

青海省同仁县西山墓被盗案追缴

双耳大圆圈纹彩陶罐 | **132**
Painted Double-handled | 新石器时代
Pottery Jar with Circle Design | 口径9.5、腹径29、底径11、高31厘米
Neolithic Age | 青海省同仁县西山墓被盗案追缴

原始瓷网纹罐 | **133**

Proto-porcelain Jar with Net Pattern | 战国
Warring-States | 口径12.5、腹径33、底径13.6、
| 高15.6厘米
| 安徽省旌德县公安局打击文物犯罪专项行动移交

陶罐 | **134**
Pottery Jar | 汉
Han | 口径13.5、高32.5厘米
山东省济南市长清区盗掘古墓案缴获
山东省济南市中区殷家林出土

陶罐 | **135**
Pottery Jar | 汉
Han | 口径12.5、腹径22.5、高26厘米
山东省沂南县盗掘古墓案缴获

青釉陶双系罐 | **136**
Green-glazed Pottery Jar with Double Lugs | 汉
Han | 口径10.6、腹径26、底径14.5、高23厘米
 | 安徽省泗县公安局打击文物犯罪专项行动移交

陶四系罐 | **139**
Pottery Jar with Four Lugs | 唐
Tang | 口径10.5、底径9、高23.5厘米
陕西省咸阳市公安局移交
三级文物

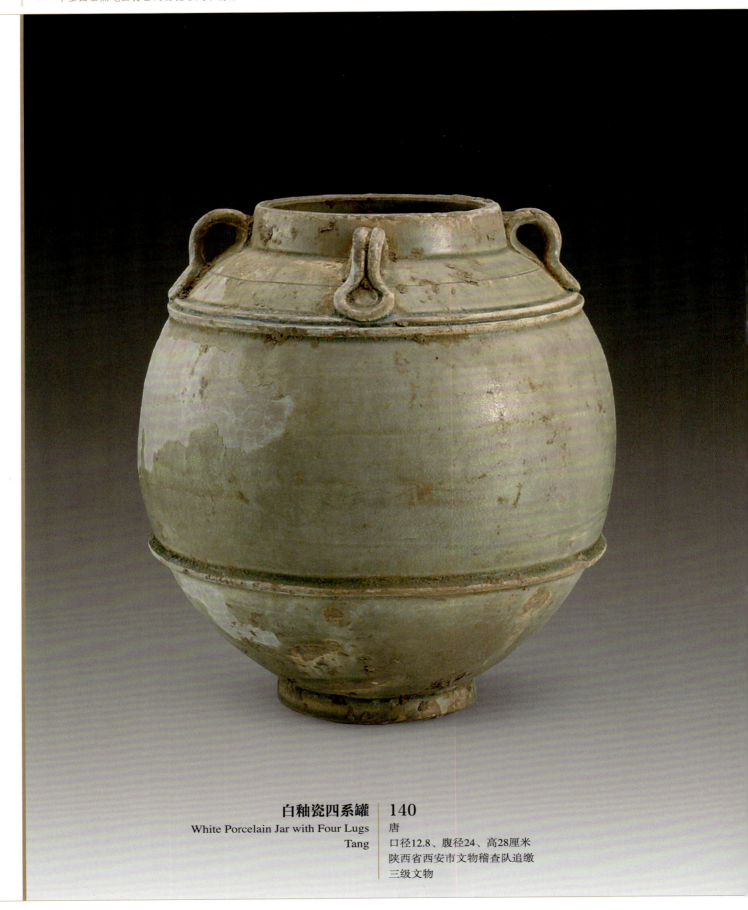

白釉瓷四系罐 | **140**
White Porcelain Jar with Four Lugs | 唐
Tang | 口径12.8、腹径24、高28厘米
陕西省西安市文物稽查队追缴
三级文物

陶塔式罐 | **142**
Pottery Pagoda-shaped Jar | 唐
Tang | 口径11、腹径24、底径22、
　 | 高58、座高19厘米
　 | 陕西省咸阳市公安局移交
　 | 二级文物

陶塔式罐 | **141**
Pottery Pagoda-shaped Jar | 唐
Tang | 口径11、腹径23、底径22、
　 | 高57、座高18厘米
　 | 陕西省咸阳市公安局移交
　 | 二级文物

陶背水壶 | **143**

Pottery Canteen
Longshan Culture, Neolithic Age

新石器时代龙山文化

口径11、腹径21、高32厘米

山东省沂南县李守增等盗掘西司马古遗
址案缴获

陶背水壶 | **144**
Pottery Canteen
Longshan Culture, Neolithic Age
新石器时代龙山文化
口径8、腹径15、高16.5厘米
山东省沂南县李守增等盗掘西司马古遗
址案缴获

带盖灰陶壶 | **145**
Grey Pottery Lidded Pot
Warring-States

战国
口径12、腹径19、通高26厘米
河南省郑州市盗掘古墓、贩卖文物案追缴

陶壶 | 146
Pottery Pot | 汉
Han | 口径14.7、高32.5厘米
山东省济南市长清区盗掘古墓案缴获
山东省济南市中区殷家林出土

陶方形壶 | **147**
Pottery Square Pot | 汉
Han | 口径7.5、腹径17.5、高16.5厘米
| 山东省沂南县盗掘古墓案缴获

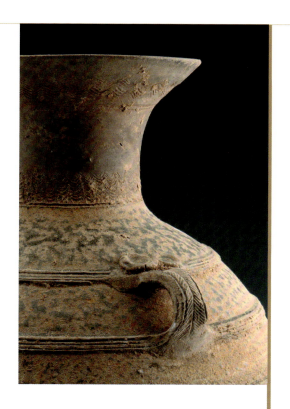

青釉陶双系水波纹壶 | **148**

Green-glazed Pottery Pot with
Wave Pattern and Double Lugs
Han

汉

口径14、腹径24、底径13.5、
高32.5厘米

安徽省泗县公安局打击文物犯
罪专项行动移交

青釉陶四系壶 | **149**
Green-glazed Pottery Pot with Four Lugs | 唐
Tang | 口径16、腹径22、底径11、高29厘米
| 安徽省庐江县公安局打击文物犯罪专项
| 行动移交

黄釉陶双系执壶 │ **150**
Yellow-glazed Pottery Pitcher with Four Lugs
Tang

唐
口径6.8、腹径9.2、底径7.4、高23.5厘米
安徽省淮南市"5·6"专案缴获

凤首陶壶 | **151**
151 Pottery Phoenix-head Pot | 唐
Tang | 腹径17、底径9、高33厘米
陕西省西安市公安局刑侦局移交
三级文物

黑釉陶鸡冠壶 | **152**
Black-glazed Porcelain Cockscomb Flask | 辽
Liao | 高26厘米
内蒙古兴安盟打击文物犯罪专项行动追缴
现存兴安盟博物馆

白釉点彩小瓷鸡冠壶 | **153**

White Porcelain Cockscomb Flask with Polychrome Dots

Liao

辽

腹径9、高15厘米

内蒙古兴安盟打击文物犯罪专项行动追缴

现存兴安盟博物馆

陶鬲 | **154**
Pottery Li-cauldron | 西周
Western Zhou | 口径10.5、高9.9厘米
| 山东省济南市长清区盗掘古墓案缴获
| 山东省济南市长清区五峰街道办事处仙人台出土

红陶鬲 | **155**
Red Pottery Li-cauldron | 战国
Warring-States | 口径17、腹径21、高13厘米
河南省郑州市盗掘古墓、贩卖文物案追缴

陶豆 | **156**
Pottery Dou-Stemmed Bowl
Han
汉
口径15.4、高15.7厘米
山东省济南市长清区盗掘古墓案缴获
山东省济南市长清区五峰街道办事处宋村出土

原始青瓷弦纹碗 | **157**
Proto-porcelain Bowl with Bowstring Pattern | 战国
Warring-States | 口径10.5、底径6、高5.7厘米
安徽省旌德县公安局打击文物犯罪专项行动移交

三彩碗 | **158**

Three-color Glazed Pottery Bowl

Tang

唐

口径6.5、圈足径3.2、高3厘米

陕西省咸阳市公安局移交

三级文物

耀州窑金釦五曲葵口青釉瓷碗 | **159**
Celadon Five-lobed Bowl
with Gold Rim, Yaozhou Ware
Northern Song

北宋
口径14.3、圈足径4.6、高6.2厘米
陕西省"1·14"特大盗掘古墓案缴获
现存陕西历史博物馆
一级文物

耀州窑银釦浅腹青釉瓷碗 | **160**
Celadon Shallow-bellied Bowl with Silver | 北宋
Rim, Yaozhou Ware | 口径18.5、圈足径8、通高5.9厘米
Northern Song | 陕西省"1·14"特大盗掘古墓案缴获
  | 现存陕西历史博物馆
  | 一级文物

耀州窑银釦六曲葵口青釉瓷碗 | **161**
Celadon Six-lobed Bowl with Silver Rim, Yaozhou Ware
Northern Song

北宋
口径16.2、圈足径5.7、通高7.3厘米
陕西省"1·14"特大盗掘古墓案缴获
现存陕西历史博物馆
一级文物

耀州窑银釦深腹青釉瓷碗 | 162
Celadon Deep-bellied Bowl
with Silver Rim, Yaozhou Ware
Northern Song

北宋
口径18.6、圈足径5.4、通高8厘米
陕西省"1·14"特大盗掘古墓案缴获
现存陕西历史博物馆
一级文物

影青瓷碗 | 163
Shadowy Blue-glazed Porcelain Bowl
Song

宋
口径11、圈足径3.1、高5厘米
陕西省西安市文物稽查队追缴
一级文物

天青釉瓷碗 | **164**
Sky-blue-glazed Porcelain Bowl | 元
Yuan | 口径17.3、高7.8厘米
陕西省凤翔县公安局移交
二级文物

绿釉瓷钵 | **165**
Green-glazed Porcelain Bowl | 辽
Liao | 口径21、腹径22.5、高12厘米
内蒙古兴安盟打击文物犯罪专项行动追缴
现存兴安盟博物馆

酱釉瓷钵
Dark Brown-glazed Porcelain Bowl
Liao

166
辽
口径10、高7.5厘米
内蒙古兴安盟打击文物犯罪专项行动追缴
现存兴安盟博物馆

陶盒（一对）
Pottery Cases (a Pair)
Han

167
汉
口径14、腹径17、底径9、通高13厘米
陕西省西安市文物稽查队追缴
三级文物

定窑白釉瓷粉盒 | **168**
White Porcelain Powder
Cassette, Ding Ware
Song

宋
直径4.2、高4.6厘米
陕西省西安市文物稽查队追缴
三级文物

影青瓷粉盒 | **169**
Shadowy Blue-glazed Porcelain
Powder Cassette
Song

宋
直径8.3、高4.2厘米
陕西省西安市文物稽查队追缴
二级文物

定窑白釉瓷粉盒 | **170**
White Porcelain Powder Cassette, Ding Ware | 辽
L iao | 口径3.5、腹径7、高6厘米
内蒙古兴安盟打击文物犯罪专项行动追缴
现存兴安盟博物馆

耀州窑青釉葵口瓷盏托 | **171**

Celadon Saucer with Mallow-shaped
Rim, Yaozhou Ware
Northern Song

北宋
盏口径17.3、托底径6.5、通高9.4厘米
陕西省"1·14"特大盗掘古墓案缴获
现存陕西历史博物馆
二级文物

耀州窑青釉刻花瓷瓶 | **172**
Celadon Vase with Incised Designs, Yaozhou
Ware
Northern Song

北宋
口径6.5、腹径17、底径7.5、高19.5厘米
陕西省"1·14"特大盗掘古墓案缴获
现存陕西历史博物馆
三级文物

耀州窑青釉刻花瓷盂 | **173**
Celadon Spittoon with Incised Designs, Yaozhou Ware
Northern Song

北宋

口径20.8、底径5.5、通高10厘米

陕西省"1·14"特大盗掘古墓案缴获

现存陕西历史博物馆

二级文物

耀州窑瓷熏炉 | **174**
Celadon Censer, Yaozhou Ware | 宋
Song | 口径9.8、底径6、高11厘米
　| 陕西省西安市文物稽查队追缴
　| 二级文物

影青瓷熏炉 | **175**
Shadowy Blue-glazed Porcelain Censer
Song | 宋
口径12.2、底径10.2、通高8厘米
陕西省西安市文物稽查队追缴
一级文物

青釉陶盖鼎 | **176**
Green-glazed Pottery Lidded Ding-tripod | 汉
Han | 口径13.8、腹径16.8、
| 通高16厘米
| 安徽省淮南市"5·6"专案缴获
| 二级文物

拱手女陶俑 | **177**
Female Figurine with Hands | 汉
Folding before Chest | 高43、宽12、厚7.5厘米
Han | 陕西省咸阳市公安局移交
| 三级文物

陶俑 | **178**
Pottery Figurine | 唐
Tang | 高18、宽4厘米
 | 陕西省咸阳市公安局移交
 | 二级文物

陶俑 | **179**
Pottery Figurine | 唐
Tang | 高17.5、宽5厘米
　　　| 陕西省咸阳市公安局移交
　　　| 二级文物

陶骑马俑（3件） | **180**
Pottery Mounted Figurines (3 Pieces) | 唐
Tang | 长23、宽11、高29～31厘米
| 陕西省咸阳市公安局移交
| 三级文物

陶立俑 | **181**
Pottery Standing Figurine | 唐
Tang | 高33、宽8厘米
陕西省咸阳市公安局移交
二级文物

陶立俑 | **182**
Pottery Standing Figurine | 唐
Tang | 高18 、宽5厘米
陕西省咸阳市公安局移交
三级文物

陶立俑（3件）
Pottery Standing Figurines (3 Pieces)
Tang

183
唐
高33、宽10厘米
陕西省咸阳市公安局移交
三级文物

陶立俑（2件） **184**
Pottery Standing Figurines (2 Pieces) 唐
Tang 高21.5 、宽6厘米
陕西省咸阳市公安局移交
三级文物

陶立俑 | **185**
Pottery Standing Figurine | 唐
Tang | 高22、宽6.5厘米
陕西省咸阳市公安局移交
三级文物

陶立俑 | **186**
Pottery Standing Figurine | 唐
Tang | 高21.5、宽6厘米
陕西省咸阳市公安局移交
三级文物

陶立俑（3件）
Pottery Standing Figurines (3 Pieces)
Tang

187

唐
高22、宽6.5厘米
陕西省咸阳市公安局移交
三级文物

陶立俑（2件） | **188**
Pottery Standing Figurines | 唐
(2 Pieces) | 高22、宽6厘米
Tang | 陕西省咸阳市公安局移交
| 三级文物

陶风帽俑 | **189**
Pottery Figurine Wearing Hood | 唐
Tang | 高34 、宽10厘米
| 陕西省咸阳市公安局移交
| 三级文物

黑陶俑（10件）
Black Pottery Figurines (10 Pieces)
Yuan

190
元
陕西省西安市文物稽查队追缴
三级文物

众志成城　雷霆出击

陶双鬟髻女俑 | 191
Pottery Female Figurine with Double Ring-shaped | 唐
Chignon | 高13、宽14、厚5厘米
Tang | 陕西省咸阳市公安局移交
三级文物

陶镇墓兽 | **192**
Pottery Tomb-Quelling Beast | 唐
Tang | 高27、长17、宽14厘米
陕西省咸阳市公安局移交
三级文物

善业泥（200件）
Clay Votive Tablets
(200 Pieces)
Northern Zhou

193
北周
高3.5、宽3厘米
陕西省西安市文物稽查队追缴
三级文物

3

玉器 | Jades

出唇青玉璧 | **194**
Grey Jade *Bi*-disc with Rim
Shang | 商
河南省驻马店市"2010.1.1"特大盗掘古
墓葬案缴获

青玉璧 | **195**
Grey Jade *Bi*-disc
Shang | 商
直径6厘米
河南省驻马店市"2010.1.1"特大盗掘古
墓葬案缴获

青玉璧 | 196
Grey Jade *Bi*-disc | 春秋晚期
Late Spring-and-Autumn | 直径8厘米
河南省许昌市刘某、谈某两个特大盗墓团伙案追缴

阴刻谷纹玉璧 | **197**
Jade *Bi*-disc with Intaglio Grain Pattern
Warring-States

战国
直径14厘米
湖北省谷城县尖角墓群被盗案缴获
现存襄阳市文物考古研究所
三级文物

谷纹玉璧 | **198**
Jade *Bi*-disc with Grain Pattern
Warring-States

战国
直径12.2厘米
陕西省宝鸡市刑警队移交
三级文物

谷纹玉璧 | **199**

Jade *Bi*-disc with Grain Pattern
Warring-States

战国
直径13.9、厚0.4厘米
陕西省宝鸡市刑警队移交
三级文物

谷纹玉璧 | **200**
Jade *Bi*-disc with Grain Pattern | 战国
Warring-States | 直径13.7、厚0.3厘米
| 陕西省宝鸡市刑警队移交
| 三级文物

谷纹青玉璧 | **201**

Grey Jade *Bi*-disc with Grain Pattern
Western Han

西汉
直径14、厚0.3厘米
陕西省"1·14"特大盗掘古墓案缴获
现存陕西历史博物馆
三级文物

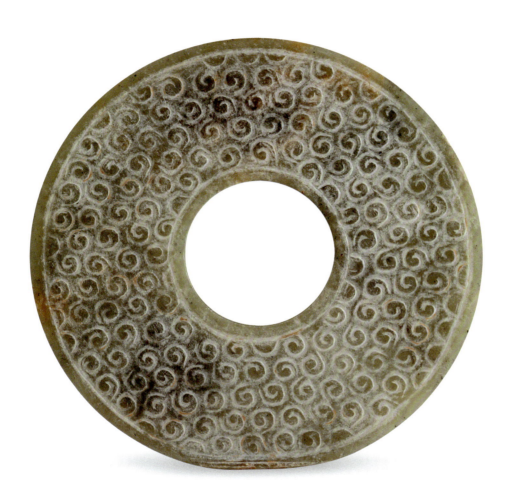

涡纹青玉璧 | **202**

Jade *Bi*-disc with Spiral Pattern | 汉

Han | 直径12.4、厚0.5厘米

安徽省淮南市"5·6"专案缴获

玉璧 | **203**
Jade *Bi*-disc | 汉
Han | 直径19厘米
| 陕西省西安市文物稽查队追缴
| 三级文物

玉璧 | **204**
Jade *Bi*-disc | 汉
Han | 直径21.5厘米
　 | 陕西省西安市文物稽查队追缴
　 | 三级文物

玉璧 | **205**
Jade *Bi*-disc | 汉
Han | 直径23.5厘米
| 陕西省西安市文物稽查队追缴
| 三级文物

青玉环 | **206**
Grey Jade Ring | 商
Shang | 直径7.7厘米
河南省驻马店市"2010.1.1"特大盗掘
古墓葬案缴获

素面玉环 | **207**
Jade Ring with Plain Surface | 战国
Warring-States | 直径10厘米
湖北省谷城县尖角墓群被盗案缴获
现存襄阳市文物考古研究所
三级文物

云雷纹玉环 | **208**
Jade Ring with Cloud-and-Thunder Pattern | 战国
Warring-States | 直径6厘米
 | 湖北省谷城县尖角墓群被盗案缴获
 | 现存襄阳市文物考古研究所
 | 三级文物

谷纹龙凤玉佩 | **209**
Jade Ornament with Grain Pattern
and Dragon-and-Phoenix DesignHan
Late Spring-and-Autumn to Early Warring-States

春秋晚期至战国早期
长12、宽9厘米
湖北省谷城县尖角墓群被盗案缴获
现存襄阳市文物考古研究所
二级文物

镂空龙凤玉佩 | **210**

Jade Ornament with Grain Pattern and Dragon-and-Phoenix
Design
Late Spring-and-Autumn to Early Warring-States

春秋晚期至战国早期

长10.5、宽3.6厘米

湖北省谷城县尖角墓群被盗案缴获

现存襄阳市文物考古研究所

龙形玉佩 | **211**
Dragon-shaped Jade Ornament
Warring-States

战国
长22、高9.6厘米
陕西省宝鸡市刑警队移交
三级文物

龙形玉佩 | **212**
Dragon-shaped Jade Ornament | 战国
Warring-States | 长21.2、宽9.9、厚0.4厘米
陕西省宝鸡市刑警队移交
三级文物

龙形玉佩 | **213**
Dragon-shaped Jade Ornament | 战国
Warring-States | 长19.2、宽9.3、厚0.4～0.5厘米
陕西省宝鸡市刑警队移交
三级文物

龙形玉佩 | **214**
Dragon-shaped Jade Ornament
Warring-States

战国
长14.6、宽7.6、厚0.2～0.5厘米
陕西省宝鸡市刑警队移交
三级文物

镂雕螭纹鞣形白玉佩 | **215**

White Jade Girdle Pendant with Hydra Design in
Openwork
Han

汉

长8、宽4.6厘米

安徽省寿县古寿春城遗址汉代王墓被盗挖及倒卖
文物案缴获

镂雕螭纹玉佩	**216**
Jade Ornament with Hydra Design in Openwork	汉
Han	长9.6、宽3.4厘米
	安徽省寿县古寿春城遗址汉代王墓
	被盗挖及倒卖文物案缴获

镂雕螭纹白玉佩	**217**
White Jade Ornament with Hydra Design in	汉
OpenworkWarring-States	长6.3、宽2.5厘米
Han	安徽省寿县古寿春城遗址汉代王墓
	被盗挖及倒卖文物案缴获

谷纹玉璜 | **218**

Jade *Huang*-semicircular
Pendant with Grain Pattern
Warring-States

战国
长9～20.5厘米
宽1.6～3.5厘米
湖北省谷城县尖角墓群被盗案缴获
现存襄阳市文物考古研究所
二级文物

玉璜 | 219
Jade *Huang*-semicircular Pendant
Warring-States

战国
长9.2、宽2.8、厚0.5厘米
陕西省凤翔县公安局移交
二级文物

"长宜子孙"双龙首出廓玉璜

Jade *Huang*-semicircular Pendant with Rim,
Double Dragon Head and "Chang Yi Zisun
(Favoring the Descendants)" Characters

Han

220

汉

长12、宽4厘米

安徽省寿县古寿春城遗址汉代王墓被盗挖
及倒卖文物案缴获

玉带钩 | **221**
Jade Belt Hook | 战国
Warring-States | 长4.5、宽1.6厘米
河南省郑州市盗掘古墓、贩卖文物案追缴

玉衣片（2件） | **226**
Jade Burial Suit Pieces (2 Pieces) | 汉
Han | 长3.7、宽2.2厘米
长3.9、宽2.2厘米
安徽省寿县古寿春城遗址汉代王墓被盗掘
及倒卖文物案缴获

青玉鱼 | **227**
Grey Jade Fish | 商
Shang | 长5.8、宽1厘米
河南省驻马店市"2010.1.1"特大盗
掘古墓葬案缴获

玉葫芦 | **228**
Jade Gourd | 明
Ming | 长5.4厘米
陕西省凤翔县公安局移交
三级文物

玉圭 | **229**
Jade Gui-scepter | 春秋
Spring-and-Autumn | 长23、宽3厘米
陕西省凤翔县公安局移交
三级文物

玉母子螭龙 | **230**
Jade Hornless Dragon and Cub | 清
Qing | 长6.2、宽3.4厚2.1厘米
| 陕西省凤翔县公安局移交
| 三级文物

玉簪 | **231**
Jade Hairpin | 清
Qing | 长16.5、宽1.1厘米
| 陕西省西安市文物稽查队追缴
| 三级文物

其 他 | Other Arifacts

夔龙纹金泡 | **233**
Gold Bubble-shaped Ornament | 春秋
with Kui-dragon Design | 直径2.8厘米
Spring-and-Autumn | 陕西省凤翔县公安局移交
| 一级文物

金泡饰 | **234**
Gold Bubble-shaped | 春秋
Ornament | 直径2.1厘米
Spring-and-Autumn | 陕西省凤翔县公安局移交
| 二级文物

金泡饰 | **235**
Gold Bubble-shaped | 春秋
Ornament | 直径1.8厘米
Spring-and-Autumn | 陕西省凤翔县公安局移交
| 二级文物

金泡饰 | **236**
Gold Bubble-shaped | 春秋
Ornament | 直径1.1厘米
Spring-and-Autumn | 陕西省凤翔县公安局移交
| 二级文物

金节约 | **237**
Gold Rein Fitting | 春秋
Spring-and-Autumn | 长1.6、厚0.2厘米
| 陕西省凤翔县公安局移交
| 二级文物

金累丝鱼形饰 | **238**
Gold Wire Woven Fish-shaped Pendant | 汉
Han | 长3、宽1.4厘米
安徽省寿县古寿春城遗址汉代王墓被盗
挖及倒卖文物案缴获

金耳坠 | **239**
Gold Eardrop | 明
Ming | 高5厘米
陕西省西安市文物稽查队追缴
一级文物

嵌绿松石龙纹金带扣 | **240**

Gold Belt Buckle with Dragon Design and Turquoise
Inlaid
Han

汉

长9.5、宽7厘米

安徽省寿县古寿春城遗址汉代王墓被盗
挖及倒卖文物案缴获

金戒指（3件）｜**241**
Gold Finger Rings (3 Pieces)
Ming

明
直径1.9、宽0.8厘米
陕西省西安市文物稽查队追缴
一级文物

金戒指｜**242**
Gold Finger Ring
Qing

清
直径1.8、宽0.9厘米
陕西省西安市文物稽查队追缴
二级文物

金簪｜**243**
Gold Hairpin
Qing

清
长15.8、宽1厘米
陕西省西安市文物稽查队追缴
三级文物

金饰品 | **244**
Gold Ornament | 明
Ming | 长4.8、宽3.8厘米
陕西省西安市文物稽查队追缴
一级文物

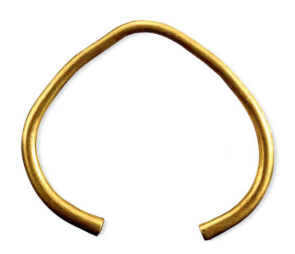

金手镯 | **245**
Gold Bracelet | 清
Qing | 直径8.2厘米
陕西省西安市文物稽查队追缴
二级文物

银鎏金鞢形佩 | **246**
Gilt Silver Girdle Pendant Late | 春秋晚期
Spring-and-Autumn | 直径2厘米
| 河南省许昌市刘某、谈某两个特大盗墓
| 团伙案追缴

银碗 | **247**
Silver Bowl | 唐
Tang | 口径8.4、圈足径4.5、高3.6厘米
| 安徽省庐江县公安局打击文物犯罪专项
| 行动移交

玛瑙环 | **248**
Agate Ring | 战国
Warring-States | 直径4、孔径2.6厘米
湖北省谷城县尖角墓群被盗案缴获
现存襄阳市文物考古研究所
三级文物

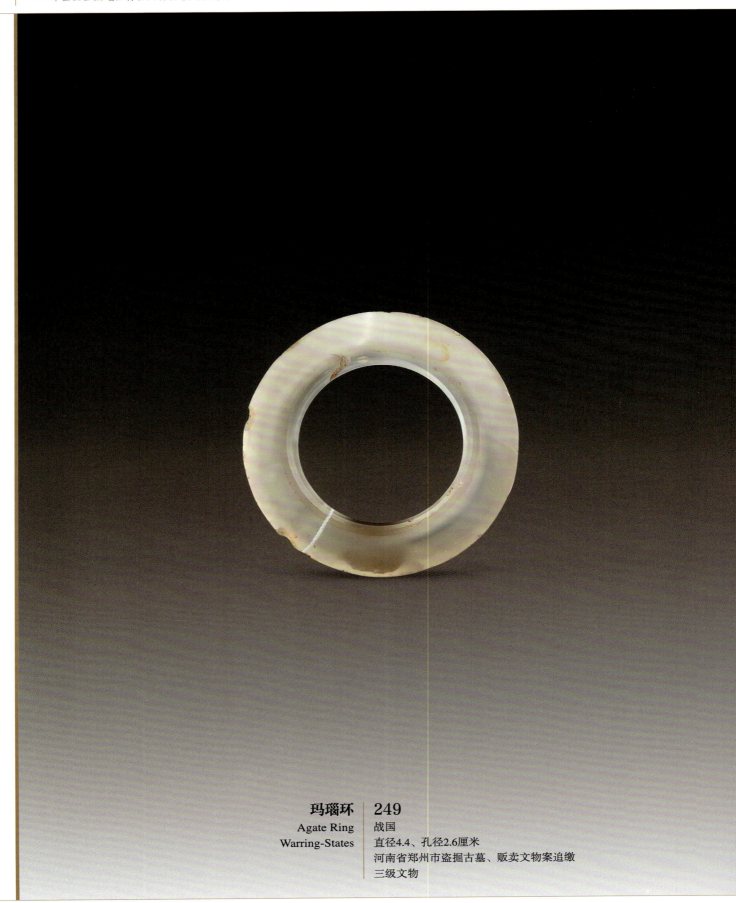

玛瑙环 | **249**
Agate Ring | 战国
Warring-States | 直径4.4、孔径2.6厘米
河南省郑州市盗掘古墓、贩卖文物案追缴
三级文物

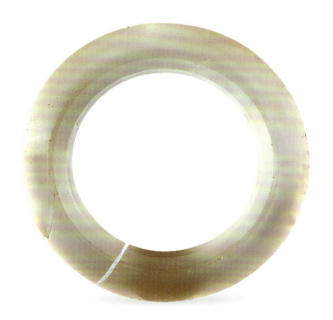

玛瑙环 | **250**
Agate Ring | 战国
Warring-States | 直径5、孔径3.1厘米
河南省郑州市盗掘古墓、贩卖文物案追缴

玛瑙烟壶 | **251**
Agate Snuff Bottle | 清
Qing | 高4.5、宽2.7厘米
陕西省凤翔县公安局移交
三级文物

陶胎琉璃珠 | **252**
Glazed Pottery Bead | 春秋晚期
Late Spring-and-Autumn | 直径1.5厘米
河南省许昌市刘某、谈某两个特大盗墓团
伙案追缴

琉璃珠 | **253**
Glazed Bead | 战国
Warring-States | 直径1.9、孔径0.8厘米
河南省郑州市盗掘古墓、贩卖文物案追缴

骨项饰 | **254**
Bone Neck Ornament | 战国
Warring-States | 河南省郑州市盗掘古墓、贩卖文物案追缴
三级文物

宝石雕卧兽坠（2件）

Gemstone Squatting-animal-shaped Pendants

(2 Pieces)

Han

255

汉

长1厘米

安徽省寿县古寿春城遗址汉代王墓被盗挖

及倒卖文物案缴获

绿松石雕卧兽坠

Turquoise Squatting-animal-shaped Pendant

Han

256

汉

长1厘米

安徽省寿县古寿春城遗址汉代王墓被盗挖

及倒卖文物案缴获

宝石、绿松石珠（5件）｜**257**
Gemstone and Turquoise Beads (5 Pieces)
Han

汉
安徽省寿县古寿春城遗址汉代王墓被盗挖
及倒卖文物案缴获

水晶坠｜**258**
Crystal Pendant
Ming

明
长4.7、宽3.8厘米
陕西省凤翔县公安局移交
三级文物

水晶心形镶件、珠（3件）　**259**

Crystal Heart-shaped Ornaments (3 Pieces)

汉

Han

安徽省寿县古寿春城遗址汉代王墓被盗挖

及倒卖文物案缴获

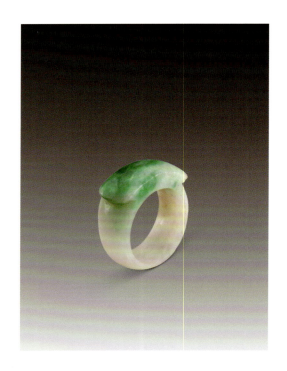

翡翠戒指 | **260**
Jadeite Finger Ring | 明
Ming | 直径2.2、厚0.9厘米
| 陕西省凤翔县公安局移交
| 三级文物

寿山石八棱印章
Lardite Octagonal Seal
Late Qing

261
清晚期
直径4.5、高14.8厘米
陕西省宝鸡市刑警队移交
三级文物

寿山石八棱印章
Lardite Octagonal Seal
Late Qing

262
清晚期
直径4.2、高12.2厘米
陕西省宝鸡市刑警队移交
三级文物

漆樽 | **263**
Lacquer Wine Vessel | 战国
Warring-States | 口径23.5、底径18.5、通高14厘米
湖北省荆门市沙洋县黎家冢盗掘案缴获

石盏托 | **264**
Stone Saucer
Northern Song

北宋

盏口径12.6、托底径5、通高8厘米

陕西省"1·14"特大盗掘古墓案缴获

现存陕西历史博物馆

三级文物

石执壶 | **265**
Stone Teapot | 北宋
Northern Song | 口径9、通高13厘米
| 陕西省"1·14"特大盗掘古墓案缴获
| 现存陕西历史博物馆
| 三级文物

墓志 | **266**
Epitaph | 唐
Tang | 边长35、厚8厘米
| 安徽省淮南市"5·6"专案缴获

窦府君墓志 | **267**
Epitaph of Mr. Dou | 唐
Tang | 边长58.5、厚7厘米
陕西省咸阳市公安局移交
二级文物

唐王墓志 | **268**
Epitaph of Prince Tang | 唐
Tang | 边长80、厚15厘米
陕西省西安市文物稽查队追缴
二级文物

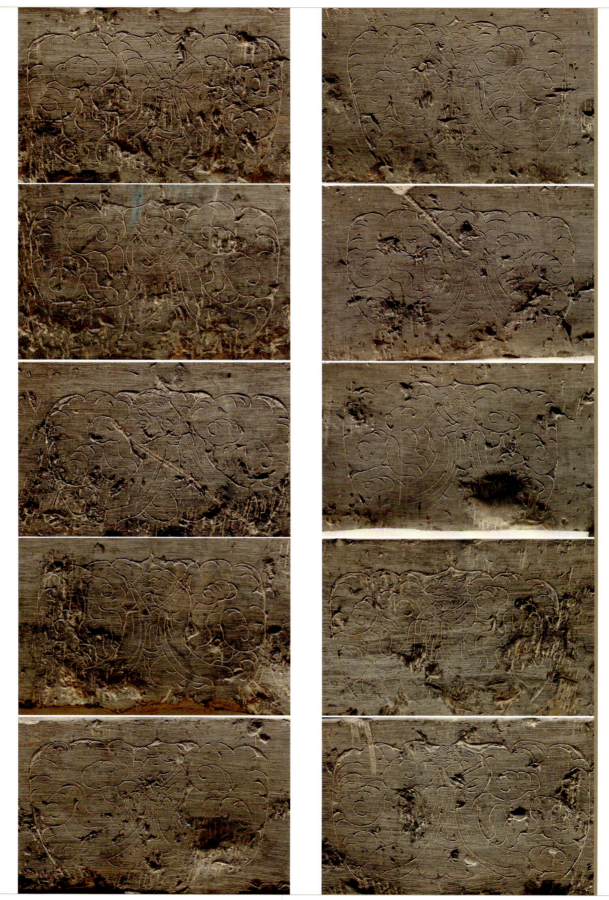

石佛像（"油爷"）
Stone Buddha Image
Northern Zhou

269
北周
高192、宽73、厚34厘米
陕西省西安市 "5·15"
石佛像被盗案缴获
三级文物

石佛头（2件）
Stone Buddha Heads (2 Pieces)
Tang

270
唐
高45、47厘米
陕西省西安市文物稽查队追缴
三级文物

贞顺皇后石椁 | **271**
Sarcophagus of Empress Zhenshun | 唐
Tang | 长400、宽260、高230厘米

重27吨

陕西省唐贞顺皇后敬陵被盗案追索

现存陕西历史博物馆

《**胡汉交战图**》
石纵 166、横 49 厘米
二级文物

画像石拓片（2件）　**272**
Rubbings of Stone Reliefs (2 Pieces)　汉
　　　　　　　　　　　　　Han　山东省沂南县"3·13"画像石案缴获
　　　　　　　　　　　　　　　　现存沂南北寨汉墓博物馆

《车马出行图》
石纵 167、横 49 厘米
三级文物

《六博百戏图》
石纵 237、横 49.50 厘米
二级文物

《羽人、怪兽图》
石纵 150、横 50 厘米
三级文物

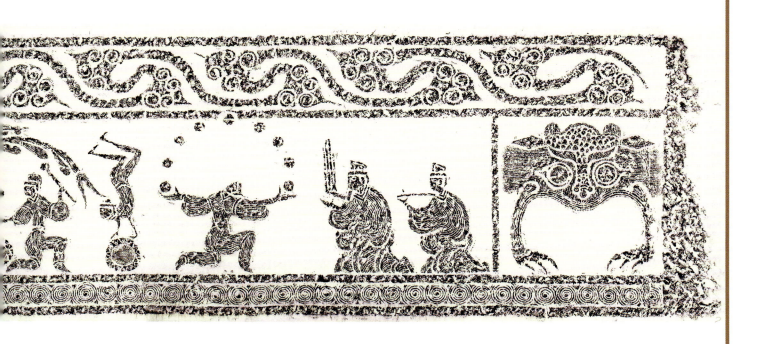

画像石拓片（2件） | **273**
Rubbings of Stone Reliefs (2 Pieces) | 汉
Han | 山东省沂南县"3·13"画像石案缴获
现存沂南北寨汉墓博物馆

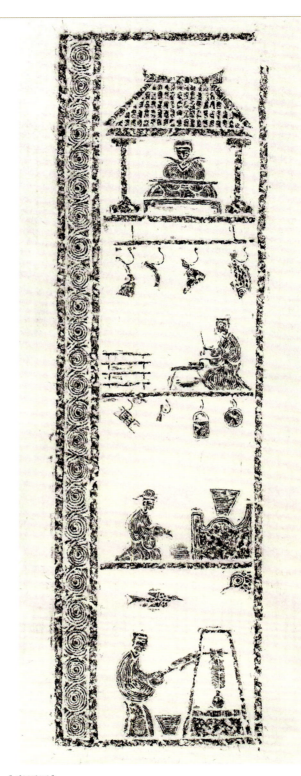

《庖厨图》
石纵 117、横 38 厘米
三级文物

《鸟兽图》
石纵 117、横 46 厘米
三级文物

画像石拓片（4件）
Rubbings of Stone Reliefs
(4 Pieces)
Han

274

汉
山东省沂南县"3·13"画像石案缴获
现存沂南北寨汉墓博物馆

《东王公、三足乌图》
石纵 118、横 42 厘米
三级文物

《杂技图》
石纵 118、横 34 厘米
三级文物

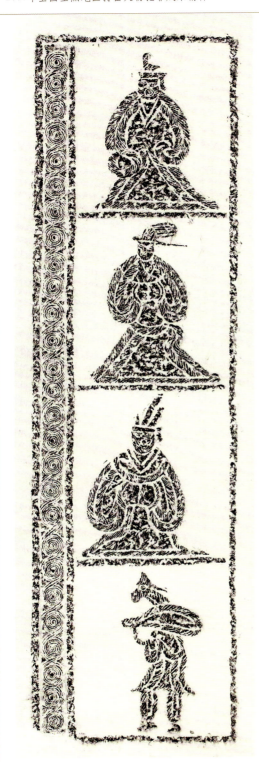

《人物、异兽图》
石纵 118、横 38 厘米
三级文物

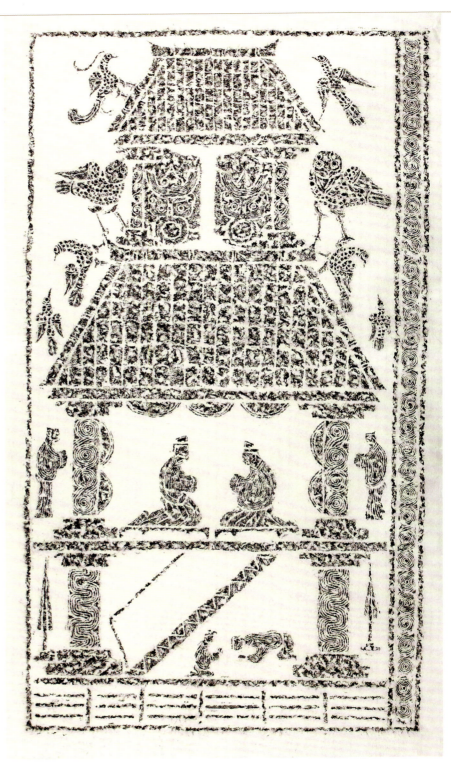

《楼阁人物图》
石纵 118、横 68 厘米
三级文物

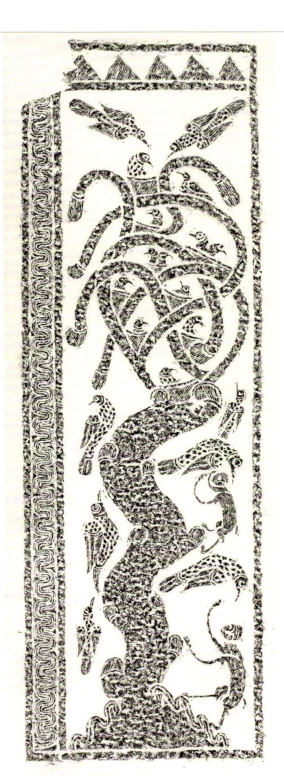

《凤猴图》
石纵 167、横 40 厘米
三级文物

《三人物图》
石纵 117、横 40 厘米
三级文物

画像石拓片（4件）
Rubbings of Stone Reliefs (4 Pieces)
Han

275

汉
山东省沂南县 "3·13"
画像石案缴获
现存沂南北寨汉墓博物馆

画像石拓片《线刻人物、六博图》　**276**

Rubbing of Stone Relief

Han

汉

石纵161、横75厘米

山东省沂南县"3·13"画像石案缴获

现存沂南北寨汉墓博物馆

二级文物

政和元年十一月
壬申承議郎呂君
粵功葵以嘗而用
歙石研納諸牆陰
弟錫山謹銘曰
寫世之珍用不竟
嗚呼

政和元年铭三足歙砚 | **277**

Three-Legged she Inkstone with Inscription
of "The First Year of Zhenghe Era"
Northern Song

北宋

陕西省 "1·14" 特大盗掘古墓案缴获

现存陕西历史博物馆

擦擦（白色三世佛） | **278**
Tsatsa (Clay Votive Tablet with Tri-Buddha Image) | 高10、宽6.5厘米
青海省文物局提供

木板画像 | **279**

Wooden Board Image

长30、宽9厘米

青海省文物局提供

后　记

在国家文物局和公安部领导的高度重视和大力支持下，继2010年12月成功举办《众志成城　雷霆出击——全国重点地区打击文物犯罪成果展》之后，编辑出版《众志成城 雷霆出击——2010年全国重点地区打击文物犯罪成果精粹》（以下简称《精粹》），以300余幅珍贵文物的精美图片和翔实的文字介绍，再次展示和记载了这次专项行动取得的辉煌成果和重要意义。

特别感谢各基层公安机关和文物部门的国宝卫士们，是他们为保护祖国文化遗产与犯罪分子作坚决斗争，打了一场漂亮的攻坚战，追缴了大批珍贵涉案文物，为国家挽回了损失，震慑了犯罪分子，同时留下了许多可赞可敬的先进事迹，从而为《精粹》的出版提供了生动丰富的素材。河北、山西、内蒙古、安徽、山东、河南、湖北、陕西、甘肃和青海省公安厅和省文物局在组织打击文物犯罪专项行动、汇总报送专项行动工作情况、协办专项行动成果展览和《精粹》的出版，做了大量卓有成效的工作，对此一并致谢。中国文物交流中心协助进行了文物图片拍摄，并提供了他们承办打击文物犯罪专项行动成果展览的相关资料，特此感谢。

因时间仓促，以及水平所限，本书难免有不足和疏漏之处，恳请读者给予批评指正。

国家文物局　公安部

2011年4月15日